Mude sua vida

EMMET FOX

Mude sua vida

Tradução
Isabel Paquet de Araripe

6ª edição

NOVA ERA

CIP-BRASIL. CATALOGAÇÃO-NA-FONTE
SINDICATO NACIONAL DOS EDITORES DE LIVROS, RJ

F863m   Fox, Emmet, 1886-1951
6ª ed.   Mude sua vida / Emmet Fox; tradução: Isabel Paquet
            de Araripe. – 6ª ed. – Rio de Janeiro: Nova Era, 2009.

            Tradução de: Alter your life
            ISBN 978-85-7701-226-8

            1. Pensamento Novo. I. Título.

09-0916.   CDD: 289.98
                                            CDU: 289.98

Título original norte-americano:
ALTER YOUR LIFE

Copyright © 1931, 1932, 1933, 1934, 1938, 1939, 1942, 1943, 1945, 1950
by Emmet Fox

Adaptação das ilustrações de miolo:
Miguel Carvalho

Editoração eletrônica:
Abreu's System

Todos os direitos reservados. Proibida a reprodução,
no todo ou em parte, sem autorização prévia por escrito da editora,
sejam quais forem os meios empregados, com exceção das resenhas literárias,
que podem reproduzir algumas passagens do livro, desde que citada a fonte.

Texto revisado segundo o novo Acordo Ortográfico da Língua Portuguesa.

Direitos exclusivos de publicação em língua portuguesa para o Brasil adquiridos
pela EDITORA NOVA ERA um selo da EDITORA BEST SELLER LTDA.
Rua Argentina 171 – Rio de Janeiro, RJ – 20921-380 – Tel.: 2585-2000
que se reserva a propriedade literária desta tradução

Impresso no Brasil

ISBN 978-85-7701-226-8

PEDIDOS PELO REEMBOLSO POSTAL
Caixa Postal 23.052
Rio de Janeiro, RJ – 20922-970

Sumário

Mude sua vida 7
Os Quatro Cavaleiros do Apocalipse 13
Os escravos e os livros 39
O Livro do Gênesis 41
Os sete dias da criação 45
Adão e Eva 75
A Torre de Babel 99
Deus, o libertador (Salmo 18) 105
O Zodíaco e a Bíblia 113
Os sete aspectos principais de Deus 137
Faça a sua vida valer a pena 169
Como obter uma demonstração 177
Mantenha-se no feixe direcional 179
A magia do dízimo 181
Como conservar a paz 189
O espírito americano 197
O destino histórico dos Estados Unidos 221

Mude sua vida

Não é preciso ser infeliz. Não é preciso ser triste. Não é preciso ser desapontado, oprimido ou magoado. Não é preciso que haja doença, fracasso ou desânimo. Não há *necessidade* de coisa alguma a não ser êxito, boa saúde, prosperidade e abundância de interesse e de alegria na vida.

Que a vida de muitas pessoas está cheia de coisas tristes é, infelizmente, uma grande verdade; mas não há *necessidade* de que tais coisas existam. E, se elas existem, isso se dá apenas porque suas vítimas as consideram inevitáveis, não porque elas o sejam. Enquanto aceitar uma condição negativa nos termos da avaliação dela própria, você continuará cativo dela. Mas basta fazer valer o seu direito inato de homem ou mulher livre e você será livre.

O êxito e a felicidade são a condição natural da humanidade. Realmente para nós é mais fácil demonstrar essas coisas do que o inverso. Maus hábitos de pensar e de agir podem obscurecer esse fato por algum tempo, assim como a maneira errada de andar, sentar ou segurar uma caneta ou um instrumento musical pode parecer mais fácil do que a maneira correta por já nos termos habituado a ela; apesar de tudo, a maneira correta ainda é a mais fácil.

Infelicidade, frustração, pobreza, solidão, na realidade, são maus hábitos que suas vítimas se acostumaram a suportar com maior ou menor coragem, acreditando não haver uma saída para isso, quando, de fato, existe; e essa saída está apenas em adquirir bons hábitos mentais, ao invés de maus hábitos: agir em conformidade com a Lei, e não contra ela.

Você nunca deveria "suportar" coisa alguma. Você nunca deveria estar disposto a aceitar algo que significasse menos que Saúde, Harmonia e Felicidade. Essas coisas são seu Direito Divino como filho ou filha de Deus, e só um hábito ruim, via de regra inconsciente, faz com que você se satisfaça com menos. Nas profundezas do seu ser, o homem sempre sente, de modo intuitivo, que existe uma saída para as suas dificuldades se ele souber encontrá-la, e seus instintos naturais apontam todos na mesma direção. O bebê, que ainda não foi contaminado pelas sugestões derrotistas dos mais velhos, simplesmente se recusa a tolerar a desarmonia em quaisquer termos, e logo demonstra o seu desagrado a esse respeito. E quando está com fome diz isso ao mundo com uma insistência confiante que exige atenção, enquanto muito adulto experiente fica sem comer. E se por acaso ele descobre que um alfinete o está espetando em alguma parte da sua anatomia? Para ele, não existe isso de suspiro resignado perante a "vontade de Deus" (é de fato uma blasfêmia dizer que o mal ou o sofrimento possam ser sempre a vontade de Deus, Todo Bondade), nem um lamento a respeito de nunca ter sorte alguma, nem um ai constatando que o que não tem

Mude sua vida

remédio remediado está. Não, a visão derrotista da vida ainda não o tocou; seus instintos lhe dizem que a vida e a harmonia são inseparáveis. E não há dúvida de que o alfinete será localizado e retirado nem que tudo o mais terá de parar até que isso seja feito.

Porém, "as trevas da prisão começam a se fechar sobre o menino que cresce", e, quando ele tiver idade bastante para pensar de modo racional, o hábito da Raça já o terá treinado para utilizar largamente o próprio raciocínio no sentido inverso.

Recuse-se a tolerar qualquer coisa que signifique menos que harmonia. Você pode ter prosperidade, não importa quais possam ser as suas circunstâncias atuais. Você pode ter saúde e boa forma física. Pode ter uma vida alegre e feliz. Pode ter uma boa casa própria. Pode ter bons amigos e companheiros. Pode ter uma vida plena, livre, alegre, independente e sem obstáculos. Pode ser o dono ou a dona do seu nariz. Para isso, porém, você terá de agarrar com determinação o leme de seu destino e rumar firme e ousadamente para o porto a que pretende chegar.

O que *você* está fazendo em relação a seu futuro? Será que se contenta em "deixar as coisas como estão para ver como é que ficam", esperando que algo "aconteça"? Se é assim, pode estar certo de que, desse jeito, não há saída. Jamais alguma coisa dará resultado a não ser que você exerça o seu Livre-Arbítrio e faça com que ele dê resultado, familiarizando-se com as Leis da Vida e aplicando-as às suas condições individuais. Esta é a única saída. De outro modo, os anos passarão rápido demais, deixando-o exatamente onde está agora, se não em situação ainda pior, pois não há limite para o efeito do pensamento para o bem ou para o mal.

9

O homem tem o domínio sobre todas as coisas quando conhece a Lei da Existência e a obedece. Ela dá poder para trazer à sua vida qualquer condição que não seja prejudicial. Ela dá poder para superar as próprias fraquezas e deficiências de caráter, não importa quantas vezes ou quão tenazmente você tenha falhado no passado. Ela dá poder para conseguir prosperidade e condição social sem infringir os direitos e as oportunidades de qualquer outra pessoa no mundo. Ela dá Liberdade — liberdade de alma, de corpo e de ambiente.

A Lei dá a você Independência para que possa construir a própria vida da sua maneira, segundo suas ideias e ideais; e planejar o seu futuro consoante o que você mesmo almejar. Se não sabe o que de fato precisa para ser feliz, então a Lei não só lhe dirá, como também lhe conseguirá o que estiver faltando. E a Lei corretamente compreendida e aplicada livrará você do perigo daquilo que é chamado "definição", com todos os seus riscos e limitações.

A Lei lhe dará o dom daquilo que se chama Originalidade: a feitura das coisas de um modo novo e que é o melhor, e também diferente do de outra pessoa qualquer. E a Originalidade, tão distinta de suas contrafações, que são apenas excentricidades e mera afetação, significa sucesso no seu trabalho.

A Lei dará a você autoridade tanto sobre o passado como sobre o futuro. A Lei fará de você o senhor do Carma, em vez de seu escravo.

Oh, como amo a Tua Lei!

Você não precisa ser mesquinho e limitado. Não precisa continuar trabalhando ou vivendo com pessoas de quem não gosta. Não precisa estar doente ou cansado ou com excesso de trabalho. Basta estudar a Lei e aplicá-la.

Mude sua vida

Não "adie" por mais tempo o estudo da Lei. Dizem que a procrastinação é o ladrão do tempo. E outro provérbio afirma, com mais ênfase ainda, que o Inferno está cheio não de más, e sim de boas intenções.

É daquele que vive adiando que a Lei diz: *Ouvirás o Nunca Jamais sussurrado pelos anos-fantasma*, mas o caminho do Sábio (do justo ou que Pensa O Direito) brilha cada vez mais até o Dia Perfeito.

Avalie a sua vida até o dia de hoje. Sente-se tranquilo, com lápis e papel na mão, e anote as três coisas que mais quer na vida. Seja bem franco. Escreva as coisas que *realmente* deseja, não aquelas que acha que *deveria* desejar. Seja específico, não vago. A seguir, anote embaixo três coisas ou condições que você deseja *eliminar* de sua vida. Uma vez mais, seja definido e específico, e não vago.

Se fizer isso com sinceridade, você terá agora uma análise extremamente valiosa da própria mentalidade. Com o correr do tempo, isso lhe dirá muitas coisas a seu respeito e das quais você nem sequer suspeita no momento, coisas cujo alcance vai muito além do que o dos próprios seis pontos anteriores. E, à medida que o seu conhecimento da Verdade espiritual aumentar, você será capaz de lidar com o novo conhecimento sobre si mesmo de modo surpreendente.

Bem, com os seis pontos anotados à sua frente, trabalhe em cada um deles de modo separado e com todo o conhecimento espiritual e metafísico de que dispõe. Lembre-se de que não é, de fato, muito importante o quanto desse conhecimento você tenha, contanto que utilize todo ele. Diz uma lei espiritual que utilizar noventa por cento de uma pequena quantidade de conhecimento é mais eficaz do que utilizar apenas cinquenta por cento de uma grande quantidade. Repita este tratamento diariamente durante um mês, sem falhar um só dia, e será muito estranho se, ao final desse tempo, não for verificada uma mudança — e, de modo impressionante, para melhor — em suas condições.

Para aqueles que não estão familiarizados com o tratamento espiritual, um método de trabalho simples, mas bastante eficaz, é o seguinte: afirme de maneira suave mas decisiva que o Grande Poder Vital Criador do Universo está trazendo para a sua vida cada uma das três primeiras coisas, segundo Sua maneira, Seu tempo e em Sua forma; a seguir, assevere que o mesmo Grande Poder está dissolvendo cada uma das três últimas, também segundo Sua maneira. Não tente impor a forma exata em que virão as novas condições. Não seja tenso ou veemente. Não deixe mais ninguém saber que você está fazendo isso. Não procure os resultados com impaciência a cada dia, mas faça o seu tratamento e esqueça-o até o dia seguinte. *E na serenidade e confiança estará a sua força.*

Os Quatro Cavaleiros do Apocalipse

Os quatro Cavaleiros do Apocalipse estão entre os mais importantes dos grandes símbolos da Bíblia porque dão a chave da natureza do homem como o conhecemos. Quando compreender esses símbolos em suas minúcias, você compreenderá também a constituição do próprio ser e será capaz de começar o trabalho de conseguir domínio sobre si mesmo e sobre o ambiente que o cerca.

Existe outro motivo pelo qual é importante compreender os Quatro Cavaleiros. Eles formam o exemplo típico da maneira pela qual a Bíblia utiliza o princípio geral do simbolismo. Depois que você tiver captado o seu significado total, percebendo como a Bíblia fala sobre cavalos, por exemplo, para ensinar a verdade psicológica e espiritual, terá dominado o esquema geral da alegoria desse livro sagrado. A Bíblia não é escrita no estilo de um livro moderno. Tem um método próprio para transmitir o conhecimento através de símbolos pitorescos. A razão disso é que este é o único meio possível através do qual o conhecimento poderia ser comunicado a pessoas de todas as idades nas mais diversas partes do mundo e de diferentes níveis de desenvolvimento espiritual. Um relato direto à maneira moderna atrairia determinado tipo de público, porém um símbolo atrai qualquer plateia, de modo que cada indivíduo receba exatamente aquilo para o qual está preparado.

A Bíblia não está cheia de profecias. Ela não se propõe a dizer de modo preciso o que vai acontecer no futuro, pois, se isso pudesse ser feito, significaria apenas que não temos livre-arbítrio. Se o futuro já está programado agora — como um filme enlatado —, qual o valor da oração ou do estudo da metafísica? Por que Jesus orava durante tantas horas, até mesmo por toda a noite, se não podia modificar nada? Porém, você pode, é claro, modificar o futuro e o presente pela oração, e, na verdade, é a sua atitude para com a oração que o ajuda ou o prejudica — torna-o doente ou são, feliz ou infeliz, estúpido ou sagaz.

Os Quatro Cavaleiros do Apocalipse* representam as quatro partes ou elementos da natureza humana como ela se apresenta hoje. Como nos conhecemos, em nossa corporificação atual, parecemos ser formados de quatro partes. Em primeiro lugar, há o corpo físico, ou seja, o que você vê quando olha no espelho. Depois, há a sua natureza sentimental ou emocional. Esta é uma parte importante ao extremo e, embora não possa "ver" seus sentimentos, você está tremendamente consciente deles. Em terceiro, vem o seu intelecto. Você tampouco pode vê-lo, mas tem bastante consciência de sua existência, porque ele contém cada parcela de conhecimento, importante ou não, que você possui.

---

* Apocalipse 6.

Mude sua vida

Por fim, há a sua natureza espiritual, ou o seu eu eterno e real. O seu eu verdadeiro, o EU SOU, o Cristo que Reside em Você, a Centelha Divina, ou como mais lhe agrade chamá-lo. Esta é a sua identidade real, eterna. Quase todo mundo acredita em sua existência, porém as pessoas, em sua maioria, estão bem pouco conscientes dela como uma realidade.

Os estudantes de metafísica sabem que chegará o tempo em que as três primeiras partes se fundirão na quarta e, então, todos *saberemos*, em vez de apenas *acreditarmos*, que a natureza espiritual é tudo. Todavia, por enquanto, este não é o caso, e assim estamos vivendo com os quatro elementos de nossa natureza — e a Bíblia os chama de Quatro Cavalos.

O primeiro cavalo a que nos dedicaremos é o Cavalo Amarelo, e "amarelo" é a cor do terror. Talvez você já tenha visto o terror estampado numa fisionomia humana. Não estou me referindo ao nervosismo ou ao temor moderado, mas ao terror. Não é uma visão agradável. A pele torna-se num amarelo-cendrado, e esta é a cor do Cavalo Amarelo.

E o nome daquele que se sentava sobre ele era Morte, e o Inferno o seguia.[*]

Pois bem, o Cavalo Amarelo significa o corpo físico, e aqui nos é dito que quem o cavalga é a Morte, e que o Inferno segue logo atrás. Se você é desse tipo de cavaleiro, se vive só para o corpo, não há nada a não ser o Inferno à sua espera, neste plano ou em outro qualquer. As pessoas que vivem para o corpo merecem piedade. O corpo é o

---

[*] Apocalipse 6,8.

mais cruel de todos os feitores quando se lhe permite governar. Quem vive para comer e beber e para a sensualidade não traz para a vida outra coisa senão o mal e a destruição, aqui mesmo neste plano. Lembre-se de que aquele que vive para o corpo não pode regenerar os tecidos e, portanto, fica mais velho a cada ano. Isso significa que o corpo está falhando, enfraquecendo de modo constante, e que a pessoa não dispõe de outros recursos. Para ela, a velhice traz a decrepitude e o vazio, e, provavelmente, também a dor e o desconforto. Ela montou o Cavalo Amarelo, e o Inferno deve seguir esse cavaleiro.

Porém, o Cavalo Amarelo não significa apenas o corpo físico. Significa também todas as outras coisas físicas, o que a Bíblia às vezes chama de "mundo": dinheiro, posição, honras materiais.

Se você colocar o dinheiro antes de tudo, montará o Cavalo Amarelo mesmo que não seja um glutão ou um sensualista. O dinheiro é seu Deus, e talvez você o obtenha, mas se arrependerá — porque o Inferno segue logo atrás. Por que adorar o dinheiro? Depois de ter comprado um pouco de comida, alguma roupa, depositado o aluguel e adquirido mais umas coisinhas, que mais lhe poderá dar o dinheiro? Há milionários caminhando pela Quinta Avenida que descobrem não existir uma única coisa que eles, de fato, desejem que o seu dinheiro lhes possa comprar. Não podem entrar numa loja com um cheque em branco e adquirir paz de espírito, ou um corpo sadio, ou amizade, ou lealdade, ou, acima de tudo, contato com Deus.

Já outras pessoas não ligam para o dinheiro, mas anseiam por honrarias e distinções mundanas. Querem ser importantes ou, para falar com mais exatidão, querem ser consideradas importantes. Querem ser

Mude sua vida

o Cabeça de alguma coisa. Querem ser admiradas. Não estão pensando no bem que podem fazer ao mundo, mas em quanta honraria podem receber. Também elas montam o Cavalo Amarelo, e o Inferno segue logo atrás. Se você pudesse ler nos corações daqueles que ocupam os assentos dos poderosos, ficaria surpreso ao ver a frequência com que encontraria desapontamento e mágoa — pois o Cavalo Amarelo nunca falha.

A pessoa que aceita um cargo importante porque deseja sinceramente servir aos outros e glorificar a Deus não monta o Cavalo Amarelo e, nesse caso, não se importará se algo der errado ou se ela for mal compreendida ou maltratada. Isso não a afligirá porque ela estava tentando fazer a obra de Deus, e esse é o verdadeiro êxito.

Aquele que vive para comer e beber, o sensualista e o viciado em drogas, aquele que vive para o dinheiro ou as honrarias mundanas — esse é o cavaleiro do Cavalo Amarelo.

A seguir, vou falar do Cavalo Vermelho.[*]

E saiu outro cavalo, vermelho; e ao seu cavaleiro foi-lhe dado tirar a paz da Terra para que os homens se matassem uns aos outros; também lhe foi dada uma grande espada.

O que é o Cavalo Vermelho? É a nossa natureza emocional, os nossos sentimentos. A mente humana, como a conhecemos, consiste de duas partes, intelecto e sentimento, e nada mais. Cada pensamento seu possui duas partes, um conteúdo de conhecimento e outro de sentimento. E assim você sempre obtém essas duas coisas — conhe-

---

[*]Apocalipse 6,4.

cimento e sentimento. O conhecimento pertence ao intelecto, e o sentimento, é claro, à natureza emocional. Em alguns pensamentos, o conteúdo de conhecimento é bem maior do que o de sentimento, ao passo que em outros prevalece o de sentimento.

Na matemática, para tomarmos um exemplo extremo, o conteúdo de sentimento está quase ausente. Ninguém se emociona muito com o conhecimento de que dois lados quaisquer de um triângulo medem, juntos, mais do que o terceiro lado, ou de que, quando duas linhas retas se cruzam, os ângulos verticalmente opostos são iguais. Sempre existe um pequeno conteúdo emocional porque o conhecimento definido e certo sempre proporciona alguma satisfação à mente, além de haver também um pouco de beleza nessas verdades matemáticas; mas, ainda assim, o fato é que, para a maioria das pessoas, a quantidade de sentimento seria bem pequena.

No outro prato da balança, ficam os pensamentos ligados à religião e à política. Todos sabemos como tais assuntos são cheios de sentimento (para não dizermos preconceito). As pessoas se empolgam tanto com eles que, em geral, são considerados tabus nas reuniões sociais — no entanto, a quantidade de conhecimento real que a maioria das pessoas tem a respeito deles é surpreendentemente pequena. Por exemplo, poucos são aqueles que, de fato, estudaram as doutrinas da Igreja à qual pertencem. Contudo, mostram-se muito sensíveis em relação a elas e tendem a se ressentir com a mais leve crítica. Poucas pessoas examinaram de modo atento o princípio político que fundamenta o próprio partido, tampouco se deram ao trabalho de conhecer a fundo muitos dos dados sobre o assunto. Apesar disso, elas se revelam partidárias empolgadas. No tocante a estes e outros aspectos, as pessoas têm uma quantidade de sentimento praticamente impossível de ser aliviada pelo intelecto. O conteúdo intelectual desses pensamentos é muito pequeno.

É muito perigoso permitir que as suas emoções assumam o controle — permitir que o Cavalo Vermelho corra carregando você, pois ele minará a sua saúde e destruirá a sua vida em cada fase. O Cavalo Vermelho é tão perigoso quanto o Cavalo Amarelo, embora claramente não tão fraco, motivo pelo qual destrói um número bem maior de vidas. Um adulto é uma pessoa que controla os seus sentimentos. Alguém incapaz de controlar seus sentimentos ainda é uma criança, embora possa ter 100 anos. Se você não for capaz de controlar suas emoções, estas o controlarão e o destruirão.

Isso não quer dizer que a emoção ou o sentimento seja uma coisa ruim em si. Quer dizer que a emoção *descontrolada* é algo ruim. Na verdade, é quase tão ruim ter emoção de menos quanto ter de mais. Os emocionalmente fracos nunca dão em nada. São aquelas pessoas muito simpáticas que jamais são consideradas ou sequer notadas. Ninguém sabe ou se importa se estão presentes ou não. Perambulam pela vida, ao que parece, por acidente; acabam arranjando um trabalho em que nunca obtêm êxito; acabam se casando; e, por fim, acabam morrendo — tudo, segundo as aparências, por inadvertência.

Uma forte natureza emocional é como um automóvel grande e possante. Se você souber controlá-lo, é uma coisa excelente. Ele o levará aonde quer que você deseje ir, pelo mais acidentado terreno, ou até o topo de uma montanha, pois é muito potente. Porém, se você não souber controlá-lo, se não o manobrar direito, ou se for estúpido e pisar no acelerador em vez de frear, o carro se destruirá e o levará junto com ele, exatamente por ser tão potente.

Se você arranjar um carro velho e desmantelado que mal consegue se arrastar, ele não chegará a parte alguma, porém também não lhe fará mal algum. Mesmo que você o arremesse de encontro a uma parede, ele apenas dará uns arrancos e deixará de funcionar.

Uma forte natureza emocional é um dom esplêndido se você for o senhor, porém, quando é ela que o domina, você está montando o Cavalo Vermelho. E, se está montando o Cavalo Vermelho, é bom desmontar logo. Não há salvação para tal cavaleiro.

Como você sabe se está montando o Cavalo Vermelho? Bem, se você fica excitado com qualquer coisa; se fica irritado e indignado com ninharias, sobretudo quando não são da sua conta; se se perturba com as coisas que lê nos jornais; se tenta mandar na vida dos outros e isso o deixa alvoroçado, então você está montando o Cavalo Vermelho... e é melhor que desmonte.

Quando você aprender a controlar os seus sentimentos, está na hora de começar a fazer algo de sua vida.

A seguir, chegamos ao Cavalo Preto, e eis o que encontramos:

E vi aparecer um cavalo preto, e aquele que se sentava sobre ele tinha uma balança na mão. E ouvi uma voz no meio dos quatro animais que dizia: uma medida de trigo por um denário, e três medidas de cevada por um denário.[*]

---

[*] Apocalipse 6,5-6.

Mude sua vida

A balança, como a que é usada pelos merceeiros ou pelos farmacêuticos, representa a fome e a falta de alimentos. Isso quer dizer que não há o suficiente para todos e que, portanto, as coisas têm de ser racionadas. O Cavalo Preto simboliza o intelecto, e se você o montar, terá a fome ou inanição da alma. São poucas as pessoas que montam o Cavalo Preto em comparação com o número das que montam o Vermelho, mas algumas o fazem, da mesma maneira que o mundo civilizado como um todo tem feito por vários séculos.

Montar o Cavalo Preto não significa ter um bom intelecto, o que não é, em absoluto, uma coisa ruim. Na verdade, muita gente, sobretudo no mundo religioso, estaria em condições muito melhores se tivesse um pouquinho mais de intelecto. Montar o Cavalo Preto significa deixar que o seu intelecto o domine até à exclusão da sua natureza emocional e, em particular, da espiritual. É uma coisa boa ter o intelecto bem treinado e aguçado, mas é uma desgraça permitir que ele seja o senhor. Existem pessoas que dizem que o universo pode ser compreendido intelectualmente — que tudo a respeito de Deus pode ser verbalizado e explicado com precisão por meio de palavras. Isso não deixa de ser absurdo porque é, de fato, um atentado definir o Infinito e, como diz Espinosa, definir Deus é negá-lo. Outras pessoas dogmatizam e dizem que nada existe salvo a matéria, que a mente é uma secreção da matéria, e que, portanto, a mente não pode dominar a matéria, que o homem não pode sobreviver à morte porque não pode levar o seu corpo consigo. Tais pessoas dizem que o cérebro pensa e, quando esse órgão apodrece no túmulo, aquele que pensa não pode estar vivo. Há quem se ressinta ao ser chamado de materialista; no entanto, afirma que não pode crer na oração porque as leis da natureza são deterministas e que, desse modo, a oração não poderia modificar coisa alguma.

Todas essas pessoas estão montando o Cavalo Preto e sofrem de escassez porque tais crenças errôneas reduzem-nas à falta de todo entendimento e crescimento espirituais.

O intelecto é algo excelente e, na verdade, não poderíamos viver sem ele neste plano; porém, o intelecto pode lidar apenas com coisas tridimensionais. Além disso, ele sucumbe. Precisamos do intelecto para comprar e vender, para construir prédios e estradas, em suma, para fazer nosso trabalho diário; contudo, à medida que nos aproximamos de Deus, saímos do território do intelecto e vamos para além dele, para a região do espiritual, onde os valores são a perfeição e a dimensão, o infinito. A verdade sobre Deus deve ir além do intelecto e exige a natureza espiritual para ser compreendido. O instrumento do intelecto é a razão, e conquanto seja verdade que qualquer coisa que contrarie a razão não pode ser verdadeira, as verdades da religião devem ir além da razão, sem, é claro, contradizê-la.

O intelecto não pode dar a você a verdade sobre Deus, e imaginar que ele possa fazê-lo é como tentar usar um termômetro para pesar um pacote ou uma balança para medir a temperatura do quarto. Ao fazer isso, você estará confundindo a finalidade de seus instrumentos.

Se você tentar viver sem o conhecimento de Deus, sem preces ou contato espiritual, mais cedo ou mais tarde chegará, sem dúvida, a um estado de depressão ou desapontamento, pois esse é o destino do Cavaleiro do Cavalo Preto.

Mude sua vida

No século XIX, muitos cientistas não acreditavam em nada que não pudesse ser isolado numa proveta ou examinado ao microscópio. Esses estudiosos materialistas montavam o Cavalo Preto. Hoje em dia, porém, alguns dos cientistas naturais mais destacados estão começando a reconhecer a existência das coisas espirituais.

A civilização ocidental vem montando o Cavalo Preto, sem dúvida alguma, desde o fim da Idade Média. A Renascença redescobriu o intelecto e isso foi um feito esplêndido, porém a civilização ocidental não o manteve em seu lugar. Foi-lhe permitido que se tornasse o amo, o senhor. Desde então, a nossa forma de educação tem sido, sobretudo, intelectual, em detrimento de outras coisas. Em especial tem sido este o caso desde que a Idade Moderna começou com o invento de uma máquina a vapor comercialmente viável, em meados do século XVIII.

A Segunda Guerra Mundial, que na realidade foi uma continuação da Primeira, deveu-se de forma direta a essa política. A humanidade desenvolveu conhecimentos científicos e intelectuais e, quanto a isto, foi muito além do ponto a que chegou ao desenvolver o entendimento moral e espiritual da raça. Tal desenvolvimento deu ao homem o poder de fazer, por exemplo, altos explosivos, e construir submarinos e aviões, mas, como o seu desenvolvimento espiritual ficou muito para trás em comparação com as suas realizações intelectuais, ele usa essas coisas para a destruição e a tirania. Se a compreensão da verdadeira religião estivesse emparelhada com as descobertas científicas, tais conhecimentos seriam utilizados para o esclarecimento e a felicidade da humanidade, e não para a sua destruição. Tudo isso é montar o Cavalo Preto.

O Cavaleiro do Cavalo Preto é como o piloto que passa o dia todo taxiando pelo solo sem nunca levantar voo. Ora, o avião não foi feito para andar pelo chão. Até o mais velho e mais barato dos automóveis se sairá melhor no chão do que o mais perfeito avião. O avião não foi feito para o chão, foi feito para voar nas alturas, e só está no seu elemento depois que deixa o solo.

Por fim, chego ao quarto cavalo, e aqui temos a solução de todos os nossos problemas.

Vi aparecer então um cavalo branco e aquele que o montava tinha um arco; e foi-lhe dada uma coroa e ele partiu conquistando, e para conquistar.[*]

O Cavalo Branco é a Natureza Espiritual, e o homem ou a mulher que o monta obtém liberdade e alegria e a máxima felicidade e harmonia, pois esse Cavalo é a realização da Presença de Deus.

Quando você coloca Deus em primeiro lugar na sua vida, quando se recusa a limitá-Lo, quando para de dizer que Deus não pode fazer determinada coisa, quando confia Nele com todo o coração, *está montando o Cavalo Branco* e será apenas uma questão de tempo até que você se torne livre — quando o dia romper e as sombras fugirem. O Cavalo Branco levará você à saúde, à liberdade e à expressão de sua personalidade; a um conhecimento de Deus, e, finalmente, à Percepção Dele. No Cavalo Branco, você parte conquistando e para conquistar.

Duas coisas muito interessantes nos são ditas a respeito do Cavaleiro do Cavalo Branco. A Bíblia diz que aquele que o montava tinha

---

[*] Apocalipse 6,2.

Mude sua vida

um arco. O arco e a flecha são um símbolo antigo para o Verbo falado. O Verbo falado faz as coisas acontecerem. Quando você fala, o Verbo dispara uma flecha. Ela vai para onde você mira, e não pode ser chamada de volta nem pode retornar vazia. Note que o Verbo não precisa ser falado de maneira audível. A prece silenciosa é, em geral, mais poderosa do que aquela que pode ser ouvida, porém, se você sente dificuldade em se concentrar por estar preocupado ou com medo, achará mais fácil rezar audivelmente. O Cavaleiro do Cavalo Branco fala o Verbo.

O que monta o Cavalo Branco usa uma coroa, e a coroa sempre foi o símbolo da vitória. Quem ganhar a luta ganha a coroa. Os gregos costumavam dar uma coroa de louros ao vencedor de uma corrida, e, ao longo da História, reis foram coroados. A coroa é um símbolo de vitória, e o que monta o Cavalo Branco é sempre o vencedor.

Esta é a história dos Quatro Cavaleiros do Apocalipse. Se você quer paz de espírito, cura, felicidade, prosperidade e liberdade, e se quer, acima de tudo, compreender Deus, só existe uma maneira — *montar o Cavalo Branco.*

Se está interessado apenas em coisas materiais, ou deixando que as emoções escapem de seu controle, ou tentando julgar valores eternos por padrões intelectuais finitos, então você está montando um dos outros cavalos e só terá problemas pela frente.

O defeito fatal do Império Romano foi que ele montou o Cavalo Amarelo, e todos sabemos o que lhe aconteceu. A nossa própria civilização, durante uns quatrocentos anos, montou o Cavalo Preto, e podemos ver no que isso deu. Agora creio que a humanidade esteja pronta, ou praticamente, para montar o Cavalo Branco, e todos devemos ajudá-la da maneira que pudermos, pela oração e pelo exemplo pessoal. O Cavaleiro do Cavalo Branco parte conquistando e para conquistar.

Essa é, por conseguinte, a maneira pela qual é formada a natureza humana como conhecemos. Parece haver quatro elementos, mas, como estudante de metafísica, você sabe que apenas um deles é real e eterno. Refiro-me, é claro, à sua natureza espiritual. Algum dia você se dará conta disso e, então, os outros elementos se desvanecerão, deixando que você seja espiritual, completo e perfeito. Esse evento, contudo, ainda não é para agora; e, nesse ínterim, você terá de compreender a sua natureza quádrupla para poder controlá-la.

Essa constituição quádrupla do homem é ensinada na Bíblia de outras formas. Por exemplo, os quatro animais do Apocalipse[*] são, na verdade, os quatro cavalos tratados de maneira diferente e muito interessante. Encontramos aqui um leão, um novilho (boi ou touro), um terceiro animal com rosto de homem e uma águia em voo.

Aqui, o segundo animal "semelhante a um touro" representa o corpo e o plano físico em geral e toma o lugar do Cavalo Amarelo. O terceiro animal tem "o rosto como de homem" e representa o intelecto ou o Cavalo Preto. É comum que o rosto, em particular a testa, simbolize o intelecto, assim como o coração simboliza o sentimento. O quarto animal "semelhante a uma águia voando" represen-

---

[*] Apocalipse 4,6-9; Ezequiel 1,10 e 10,14.

ta a natureza emocional, ou o Cavalo Vermelho. O primeiro animal "semelhante a um leão" representa a natureza espiritual, ou o Cavalo Branco.

Essas referências diferentes na Bíblia não são meras repetições ou reafirmações, pois cada uma trata o assunto de um ângulo ligeiramente distinto, dando-nos, desse modo, maiores informações. Vemos aqui, por exemplo, que a natureza emocional é simbolizada por uma águia, a qual representa Escorpião no Zodíaco. Escorpião pode ser representado por um réptil (algumas vezes, um escorpião e outras, uma cobra) ou uma águia. A lição que tiramos disso é que a natureza emocional tem de ser redimida pela transmutação do inferior em superior, a fim de que o animal rastejante se transforme numa águia em voo. Só então você terá domínio sobre ela. Você verá que essa é uma afirmação mais elevada e mais completa do assunto do que a simples comparação com um Cavalo Vermelho, embora, para começar, esta última fosse impressionante e útil.

É interessante notar que o símbolo de uma águia com a cobra na boca (conquistando a cobra) ainda é usado no México. Uma antiga lenda asteca dizia que, quando o povo entrasse na nova terra (o México moderno), teria de seguir caminho até encontrar uma águia devorando uma serpente. Naquele local, deveriam construir a sua nova cidade — e assim foi escolhido o lugar onde está a atual Cidade do México.

Sem dúvida, os astecas herdaram essa lenda de seus ancestrais atlantes, e seu sentido real seria que A Cidade, a verdadeira consciência, só pode ser erigida quando a natureza emocional tiver sido transmutada.

O boi (às vezes um novilho ou um touro) é o símbolo óbvio da materialidade. Tradicionalmente lento, pesado e terreno, era reservado no Velho Mundo à tarefa útil, mas corriqueira de puxar o arado. O boi não alça voo como a águia, não pensa como o homem, nem leva a existência régia de um leão.

O leão, rei dos animais, representa bem a natureza espiritual, e corresponde ao Cavalo Branco.

Esses quatro animais estão no meio e à volta do trono de Deus, onde existe um "mar de vidro semelhante ao cristal". Sempre estamos junto do trono de Deus, quer saibamos ou não, pois Ele está em toda a parte, e a nossa separação Dele, embora pareça trágica, é apenas uma separação em crença. O mar de vidro representa um mar tão liso como uma folha de vidro, e isso significa a consciência que se livrou do *medo*... que subjugou o boi, transformou o réptil em águia, redimiu o intelecto e entronizou o leão.

"Cada um dos quatro animais tinha seis asas." Na Bíblia, o número seis representa o trabalho ou a labuta, e isso significa que temos de trabalhar por nossa salvação na vigilância constante da busca de Deus e do domínio do eu. Não devemos esperar na ociosidade que Deus venha fazê-lo por nós, porque não há realização sem trabalho. Se você quiser alguma coisa, terá de trabalhar por ela. Encontramos esse sentido dado ao número seis em muitas partes da Bíblia. Esse número vem antes do sete, que representa, na Bíblia, a perfeição individual na vida do homem, e determinada demonstração, quando esta é completa. Encontramos os seis dias da Criação levando ao sétimo dia do descanso na realização; seis degraus até o trono de Salomão, que re-

Mude sua vida

presenta a sabedoria ou a compreensão de Deus; seis talhas de água no casamento em Caná; e, é claro, seis dias de trabalho da semana que levam ao domingo.*

As asas permitiram que os animais alçassem voo do chão e, de novo, vamos encontrá-las em número de seis, porque a libertação tem de ser conquistada. Precisamos buscar Deus dia e noite. Dizer Santo, Santo, Santo é, na nossa linguagem moderna, ver a Presença de Deus em toda parte, em vez de aceitar o surgimento do mal.

"O que foi, e é, e será" significa que temos de compreender que estamos na eternidade agora, porque a crença na realidade do tempo é um dos principais erros que nos mantêm cativos.

Os quatro animais são "cheios de olhos na frente e atrás", e esta é apenas mais uma maneira de nos dizer que devemos exercer uma vigilância incessante na Prática da Presença de Deus.

Fora da Bíblia, encontramos muitas referências à constituição quádrupla do Homem. No mundo antigo, as quatro partes eram referidas invariavelmente como "Elementos", e chamavam-nas de terra, ar, água e fogo. A terra significava o corpo físico; o ar, o intelecto; a água significava a natureza sentimental; e o fogo, nossa parte espiritual ou divina. Por muitas razões, pensava-se ser melhor não divulgar de maneira aberta esse conhecimento ao público em geral, mas ocultá-lo por trás do véu desses símbolos e dar a chave apenas àqueles que estivessem preparados para ele.

---

*Ver também Isaías 6.

O Zodíaco,* que pode ser chamado de Relógio Cósmico, é dividido dessa forma. Dos 12 Signos, três cabem a cada elemento e, desse modo, formam um gráfico ou diagrama representativo do homem.

A ideia desses quatro elementos também é expressa nos símbolos tradicionais dos quatro Evangelhos. Mateus é representado por um boi ou novilho. O leão de São Marcos é conhecido de todos. João tem uma águia, e, para Lucas, o rosto de um homem é o símbolo aceito. Essa tradição remonta aos primórdios do tempo, e essas criaturas aparecem cada uma ligada ao próprio Evangelho, em muitos dos manuscritos iluminados da Idade Média e nos vitrais das primeiras catedrais da Europa.

Aqui chegamos a um desenvolvimento ainda maior da lição dos quatro elementos, porque, assim como os Evangelhos são a mais elevada expressão da mensagem cristã, esses símbolos nos dão a exposição final com referência ao método da superação do homem.

Mateus considera as pessoas como as encontra no plano material, aceita seus costumes e suas tradições, e, indo a seu encontro no próprio nível delas, ministra-lhes o Evangelho da maneira que acha que elas podem recebê-lo. O corpo físico e o mundo material de que faz parte estão conosco por enquanto, e temos de tolerá-los e lidar com eles da melhor maneira possível. Você verá como essa ideia é bem expressa pelo elemento Terra (o boi).

O Evangelho de Marcos é o mais intelectual dos quatro. É simples, direto, eficiente como uma mensagem militar ou um relatório de

---

*Ver Capítulo "O Zodíaco e a Bíblia".

engenharia. No entanto, o seu símbolo é o leão, que vimos representar o elemento espiritual. Por que isso? O objetivo é ensinar-nos que o intelecto fatalmente acabará sendo absorvido pela natureza espiritual; não que o intelecto venha a ser de fato destruído, mas sim que ele perderá as suas limitações e se transformará na Inteligência Iluminada. Aqui o leitor deverá notar a imensa diferença entre as palavras inteligência e intelecto. O intelecto é apenas um pequeno e estreito segmento da inteligência. Existem muitas formas de inteligência que não são intelectuais, embora o mundo moderno tenha esquecido isso durante algum tempo.

O Evangelho de Lucas representa a natureza emocional. É, com frequência, chamado de Evangelho "humano", em virtude de sua compreensão bondosa e tolerância em relação à natureza humana, e por sua atitude liberal para com os pagãos e as mulheres, uma atitude que não era característica da maioria dos autores antigos. É simbolizado, todavia, pelo rosto de um homem que sabemos ser o símbolo do intelecto, e a ideia profunda por trás desse fato é que o estudante na trilha tem, primeiro, de aprender a tornar a sua natureza emocional sujeita ao seu intelecto. Tem de fazer com que aquilo que sabe controle aquilo que sente. Depois disso, virá a espiritualização dos dois elementos.

O Evangelho de João representa a natureza espiritual e é o mais elevado dos Evangelhos, assim como o mais profundo. É simbolizado não pelo leão, como seria de se esperar, mas pela águia. Como vimos, a águia é a natureza emocional redimida e purificada, e, quando essa transmutação ocorre, também é absorvida na natureza espiritual.

É necessário observar que, em alguns casos, os símbolos de Mateus e Lucas foram trocados entre si por equívoco. Isso foi feito em alguma época por pessoas que não compreendiam o significado por trás dessas representações e é provável que tenha sido um erro de copista. A mais ligeira reflexão nos mostrará que o boi não se encaixa em Lucas, nem o rosto humano, símbolo de toda a humanidade, pertence à visão restrita de Mateus.

Em resumo, portanto, temos de nos aceitar como nos encontramos aqui e agora, sem pesar ou autocondenação desnecessários. Precisamos nos tornar senhores do corpo e do plano físico em geral Temos de fazer a natureza emocional subserviente do intelecto, para que ambos possam transformar-se no espiritual. Para a percepção humana, tais processos ocorrem ao mesmo tempo e, quando estão completos, o plano da Terra desaparece da consciência e o Espírito é tudo. É a isso que chamamos de desmaterialização ou demonstração da ascensão. Você verá que a história é contada de modo sutil, mas muito claro, pelos símbolos do Evangelho.

Na história de Daniel sobre os três homens lançados à fornalha ardente,* também se faz referência aos quatro elementos. Esse capítulo é uma parábola da natureza humana redimida. Os personagens suportam, com êxito, a sua provação ou iniciação, e o resultado é o aparecimento de um quarto homem "parecido com o Filho de Deus". É a emergência da natureza espiritual.

---

*Daniel 3,25.

Mude sua vida

Um tratamento admirável dos quatro elementos também é dispensado no Livro dos Números, Capítulo 2. Diz respeito à disposição das 12 Tribos de Israel no grande campo ao redor do Tabernáculo, no deserto. O Tabernáculo no deserto representa o corpo e a mente humanos naquele estágio em que ainda nos encontramos no deserto, o que significa que já saímos do Egito (não acreditamos mais que as coisas exteriores têm mesmo poder sobre nós), mas ainda não somos capazes de prová-lo pela demonstração de uma harmonia global na prática, o que é, naturalmente, o estado atual da maioria dos estudantes de metafísica.

As 12 Tribos estão dispostas no campo para corresponder aos signos do Zodíaco, pois cada uma das tribos era simbolizada por um dos Signos, e levava-o como estandarte ou totem à frente das fileiras quando em marcha.

Pode parecer estranho para o leitor que os signos do Zodíaco entrem nesta história, mas é claro que temos de aceitar a Bíblia como ela se apresenta. Tais coisas estão na Bíblia, e nosso ofício é interpretá-la e não achar que ela devia ter sido escrita de outro modo.

Judá representa o elemento espiritual (Leão — Fogo) e é colocada ao "lado do Oriente, na direção do Sol Nascente".[*] Por tradição, o Oriente representa Deus. As igrejas cristãs históricas e a maioria dos templos pagãos são *orientados*. O altar fica no leste, e é costume enterrar os mortos com os pés voltados para esse lado, de sorte que o

---

[*] Números 2,3.

corpo fique orientado nesse sentido. Assim, é natural que a Bíblia coloque Judá no lado do Oriente.

Rubem* representa o corpo físico ou o Cavalo Amarelo (Touro — Terra). É colocada no sul porque é lá que o sol brilha. (A Bíblia, está claro, foi escrita por pessoas que viviam no hemisfério norte.) Nascendo no Oriente, a natureza espiritual deve ser concentrada no corpo físico porque este tem de ser redimido. Não se deve *negar* nem amaldiçoar o corpo, mas redimi-lo, bastando, para isso, aprender a demonstrar saúde e autocontrole perfeitos. De modo geral, as pessoas religiosas têm-se inclinado a amaldiçoar o corpo, a considerá-lo uma coisa má, e agora sabemos que, quando amaldiçoamos algo, ele reage e nos dá problemas. Muitos dos místicos cristãos, por exemplo, negligenciavam ou crucificavam o corpo na esperança de alcançar a Deus, mas, ainda assim, não conseguiam controlá-lo.

Rubem, como o Cavalo Amarelo, representa todas as condições materiais e mundanas, assim como o corpo em si. Não devemos fugir do mundo — devemos aprender a vencê-lo.** E assim permitimos que o sol da Verdade brilhe sobre as coisas materiais.

Aqui há outra lição importante. As pessoas esquecem com facilidade que as condições materiais estão sempre mudando e que as únicas coisas permanentes são Deus e Sua autoexpressão. Aliás, todos os arranjos mundanos e o universo físico em si são instáveis como a água e passam como um sonho. No caso da matéria sólida, a mudan-

---

* Números 2,10.
** João 17,15.

Mude sua vida

ça leva muito mais tempo para ocorrer do que no caso dos líquidos, e assim tendemos a pensar nos objetos sólidos como permanentes; apesar disso, eles também estão sempre se modificando e desvanecendo. Prédios, pontes, cidades, o formato das montanhas, o curso dos rios e os próprios continentes vêm e vão ao longo dos tempos. Precisamos compreender que todas as condições mundanas, boas e ruins, extinguem-se mais cedo ou mais tarde, e nada permanente pode ser construído aqui embaixo. A maldição de Rubem é "instável como a água: não te destacarás".

Vindo para o Ocidente, encontraremos Efraim,[*] que representa o intelecto (Aquário — Ar). Essa é, certamente, mais uma fase do Cavalo Preto. Sabemos que o Sol parece desaparecer no Ocidente, deixando-nos na escuridão da noite... e esse é o estado em que fica quem monta o Cavalo Preto. O intelecto também tem de ser redimido pela natureza espiritual, pois a luz "vem do Oriente e brilha até no Ocidente".[**]

Por fim, temos Dan[***] no lado norte, representando a natureza emocional ou o Cavalo Vermelho (Escorpião — Água). Não é necessário repetir o que já foi dito sobre a natureza emocional e a necessidade de se obter controle sobre ela. O norte, na tradição oculta, significa dificuldades, medo e desarmonia geral. É a região fria e sombria, em contraste com o sul ensolarado. No estado atual da humanidade, a vida do homem é governada por sua natureza emocional, e ele tem

---

[*] Números 2,18.
[**] Mateus 24,27.
[***] Números 2,25.

EMMET FOX

de reconhecer esse fato. Sem emoção, não existe ação. Pensamentos errados, se não forem acompanhados pelo medo ou o ressentimento, não fazem mal a quem os tem — são estéreis. Pensamentos ou tratamentos certos que sejam destituídos de sentimento não se manifestam. São vazios. A natureza sentimental é o que importa; no entanto, o controle das emoções é a última coisa que a pessoa comum tenta alcançar. Ela chegará a extremos em busca de saúde para seu corpo. Fará grandes sacrifícios para obter uma educação para seu intelecto. Procurará Deus, ou pelo menos aceitará a religião, de modo superficial. No entanto, ele não compreenderá, ou se recusará a aceitar o fato de que deve aprender a controlar seus sentimentos para alcançar qualquer finalidade dessas. E coloca esse assunto no "gélido norte".

Existe um ponto admirável sobre o tratamento de Dan na Bíblia. Ele é omitido da reunião final e triunfante das tribos no Livro do Apocalipse.* Nesse dia — o dia em que o Homem alcança sua percepção de Deus —, a natureza emocional inferior terá sido completamente obliterada, e a natureza emocional superior, fundida com a espiritual. Desse modo, Dan desaparece por completo. José, no seu leito de morte, falou: "Dan julgará o seu povo. Dan será uma *serpente* junto ao caminho, uma víbora junto à vereda, que morde os calcanhares do cavalo e faz com que o cavaleiro caia de costas."**A natureza emocional inferior é a ruína da maioria das pessoas. Ela golpeia o "calcanhar" ou o ponto vulnerável do caráter, a parte com

---

* Apocalipse 7,4-8.
** Gênesis 49,16-17.

Mude sua vida

que o indivíduo "toca o solo", e é glorioso saber que no final Dan desaparecerá.

A natureza quádrupla do ser humano foi ensinada no Antigo Egito por intermédio da Esfinge. Os egípcios herdaram a ideia de uma civilização anterior. Existiram muitas civilizações antigas no mundo que ainda não são conhecidas por nossos arqueólogos. O Homem vive em sociedades organizadas há dezenas de milhares de anos, embora todos os vestígios da maioria delas tenham desaparecido. A Esfinge, provavelmente, era de origem atlante, e a verdadeira Esfinge consiste no corpo de um animal (Terra — Touro), com um rosto humano (Ar — Aquário). Ela tem as asas de uma águia (Água — Escorpião) e leva na testa o emblema sagrado, a Ankh, que representa o espírito, a Vida eterna (Fogo — Leão).

Séculos mais tarde, os gregos copiaram a Esfinge, mas, não compreendendo o significado oculto do simbolismo, por vezes modificavam-na à feição de suas preferências artísticas, dando-lhe um busto de mulher e fazendo outras modificações. A lenda de Édipo refere-se à cidade de Tebas, na Grécia, e não diz respeito à Esfinge original e autêntica, que é egípcia.

Para os leitores modernos, é sobremaneira interessante notar que, diante do grande Templo do Sol, em Heliópolis, onde Moisés foi sacerdote,* havia quatro grandes obeliscos ensinando a mesma lição dos quatro elementos. Os sacerdotes os viam cada vez que entravam ou saíam, e a localização desses monumentos ali na entrada sugeria que

---

*Atos 7,22.

esse conhecimento é o portal para a compreensão de Deus. Nos séculos que se seguiram, essas colunas foram bastante espalhadas e, após diversas mudanças, hoje uma delas está no Central Park, em Nova York, outra em Londres, às margens do Tâmisa, outra em Constantinopla, e a última ainda permanece no mesmo lugar de sua primitiva construção, embora todos os vestígios do templo em si tenham desaparecido. É impossível não sentir um arrepio de interesse quando olhamos para a "agulha de Cleópatra", como é erroneamente chamada, ao passarmos pelo Central Park, dando-nos conta de que o próprio Moisés, muitas vezes, olhou para essa coluna.

E assim temos a mesma história contada repetidas vezes, dentro e fora da Bíblia. A Mente Divina inspirou indivíduos com essa verdade em todas as eras, inclusive a nossa, porque ela é a base de todo o crescimento espiritual. A lição mais importante para se aprender é a de nossa própria natureza, pois compreendê-la por completo implica ter o poder de controlá-la. Pitágoras escreveu sobre a porta de sua escola HOMEM, CONHECE-TE A TI MESMO, e a Bíblia nos mostra como fazê-lo.

Os escravos e os livres

"Pois está escrito que Abraão teve dois filhos, um da mulher escrava, e outro da livre.

Mas o da escrava nasceu segundo a carne, o da livre, mediante a promessa.

ESTAS COISAS SÃO ALEGÓRICAS: porque essas duas mulheres são duas alianças; uma se refere ao monte Sinai, que gera para a escravidão; esta é Agar.

Ora, Agar é o monte Sinai na Arábia e corresponde à Jerusalém atual, pois é escrava com seus filhos.

Mas a Jerusalém lá de cima é livre, a qual é a mãe de todos nós."

Paulo, Gálatas 4,22-26.

O Livro do Gênesis

Gênesis significa origem ou começo, e esse livro, o primeiro da Bíblia, explica como as coisas e condições passaram a existir. O poder criador do universo é o pensamento. Qualquer coisa que exista tem, primeiro, de ser pensada por alguém para existir e, portanto, toda criação não passa da expressão concreta do pensamento.

O Gênesis trata desse poder criador do pensamento. A primeira seção, que consiste do Capítulo 1 e de três versículos do Capítulo 2, trata do pensamento genérico. O segundo capítulo, que nos interessa em particular neste ensaio, nos dá a história de Adão e Eva e trata do pensamento específico, ou de como dada pessoa (por exemplo, você, leitor) cria cada condição existente em sua vida.

As seções seguintes, que tratam de Caim e Abel, da Torre de Babel, do Dilúvio, da história de Abraão e sua família, da história de José e seus irmãos, dedicam-se de diferentes maneiras ao poder criador do pensamento, mostrando como ele é a gênese de todas as coisas que existem. O Livro do Gênesis é em parte alegórico e em parte histórico, porém, como sempre acontece na Bíblia, as porções históricas são também alegorias.

O objetivo da Bíblia é ensinar psicologia e metafísica, ou a Verdade Espiritual, para que possamos saber como viver direito. Para tal fim, são utilizadas alegorias e parábolas, a fim de que cada um possa receber o ensinamento no mesmo nível de desenvolvimento em que se encontra. E, para que a Bíblia cumpra a sua finalidade, essas parábolas têm de ser interpretadas espiritualmente.

A menos que conheça o significado espiritual por trás da história, você não possui a Bíblia de modo algum. Você tem apenas a "letra que mata" e lhe falta "o espírito que dá vida". Paulo, nessa citação, compara aquele que tem a letra à escrava, ao passo que aquele que tem a interpretação espiritual é comparado à mulher livre.

A interpretação espiritual da Bíblia nos liberta, ensinando-nos como trazer a saúde e a harmonia para nossa vida por meio de uma compreensão maior de Deus. A aliança do Sinai, necessária e útil em sua oportunidade, significa a tentativa de ordenar as coisas pelo lado de fora e é, naturalmente, muito melhor do que a anarquia. Mas aquele que está na senda espiritual deve ir ainda além e passar à Jerusalém espiritual, o que significa ordenar as coisas pelo lado de dentro mediante a Prática da Presença de Deus. Essa é a nova Jerusalém que desce direto de Deus que está no céu.*

O estudo da chave espiritual da Bíblia modifica a nossa consciência para melhor, e é essa elevação da consciência que torna possível para nós a mais elevada revelação.

---

*Apocalipse 2,12; 21,2; 21,10.

Mude sua vida

O poder criador do pensamento foi explicado pelo Livro do Gênesis; os outros livros da Bíblia passaram, então, a ilustrar a maneira pela qual as leis do pensamento funcionam em circunstâncias diferentes, sendo o Gênesis o fundamento de tudo.

Os sete dias da criação

O primeiro capítulo do Gênesis estabelece um projeto fundamental para toda a revelação feita nas Sagradas Escrituras. Esse capítulo e os três primeiros versículos do Capítulo 2 são, na verdade, uma única seção, que constitui o resumo das leis que governam o pensamento. É, portanto, um tratado científico sobre a natureza psicológica e espiritual do homem, e explica o que chamamos de demonstração, ou resposta a uma prece. Não pretende ser a história da formação do sistema solar ou do universo estelar.

Como peça literária, a história é sublime, magnífica em alcance, em profundidade de pensamento, e na altitude sem paralelo da compreensão espiritual que atinge. Mostra como a humanidade na condição de raça — e cada indivíduo pessoalmente — chega ao conhecimento da onipotência, onipresença e onibondade de Deus.

O tratado se divide em sete partes, ou sete dias de criação, e equivale aos sete estágios pelos quais o pensamento passa ao emergir do erro para a verdade.

A princípio, há a escuridão, ou ignorância das grandes verdades que são, na realidade, uma só Verdade. Então, aos poucos, faz-se a luz, fraca a princípio, crescendo lentamente até chegar a uma percepção cada vez mais clara.

O que chamamos de natureza é a extraprojeção de uma parte da criação espiritual de Deus. É verdade que, com demasiada frequência, interpretamos de modo errôneo ou distorcemos aquilo que vemos, mas, à medida que a luz aumenta mais e mais, essas concepções equivocadas se extinguem em um ritmo regular até que a verdade real seja compreendida. Esse processo é constantemente simbolizado para nós pelo nascer de cada dia. Primeiro temos a escuridão, depois os primeiros sinais de luz, e, então, a alvorada surge de maneira cada vez mais rápida até que nos encontramos em pleno dia.

Podemos ver que também é assim que o indivíduo chega ao conhecimento espiritual. Ele começa acreditando na limitação e no isolamento, depois, em determinada hora, por certos meios, a Verdade chega até ele. De um pequeno começo, ele vai evoluindo de forma gradativa até a compreensão integral.

E, novamente, estamos diante da história de cada demonstração individual. Quando se resolve uma dificuldade, ou se preenche de modo satisfatório uma lacuna, pela oração ou tratamento espiritual, chamamos a isso de demonstração, porque demonstra a lei da harmonia universal. Bem, encontraremos aqui o mesmo processo — primeiro o sentido de limitação, depois o voltar-se para Deus e a gradual percepção de Sua presença, o que vai aumentando até que a dificuldade desapareça.

No princípio Deus criou os céus e a Terra. (Gênesis 1,1.)

A Bíblia começa nos dizendo que Deus é o Criador e o princípio de todas as coisas. As primeiras palavras da Bíblia são *No princípio Deus*. Uma grande lição é dada aqui, porque qualquer empreendimento baseado nesse postulado deve ser bem-sucedido sob todos os aspectos.

Todos sabemos que Deus está além daquilo a que chamamos "tempo" — *cuja morada é a eternidade.*[*] Portanto, é uma verdade absoluta que todo o universo, inclusive nós mesmos, está sendo criado de novo o tempo todo. *Eis que faço novas todas as coisas.*[**] Apesar disso, enquanto estamos na Terra, acreditamos, pelo menos subconscientemente, na realidade e no poder do tempo. E assim, em termos de pensamento humano, acreditamos em Deus como o *princípio* das coisas.

A Terra, porém, era sem forma e vazia; havia trevas sobre a face do abismo, e o Espírito de Deus pairava por sobre as águas. (Gênesis 1,2.)

Deus é o Criador de todas as coisas e, portanto, todas as coisas que existem são Sua expressão, devem refletir e refletem a Sua perfeição. Esta é a Verdade, mas, como sabemos, o Homem não tem consciência disso a princípio. Ele usa a imaginação de modo negativo, para conceber todo o tipo de ideias limitantes, para criar toda a espécie de temores que, embora sem fundamento, terão o poder de causar-lhe boa parcela de sofrimento, enquanto ele acreditar que são verdadeiras. O bem tem uma existência substancial independente, quer o saibamos

---

[*] Isaías 57,15.
[**] Apocalipse 21,5.

ou não, porém o mal tem apenas a existência que lhe atribuímos por crermos nele. Enquanto acreditarmos nele, o mal parecerá tão real como se fosse verdadeiro. Sentimos a infelicidade como se ela fosse verdadeira, tal como uma criança sofre num pesadelo enquanto este dura, tanto quanto se o sonho fosse real. *Deus fez o homem reto, mas os homens buscaram muitos artifícios.**

Assim, o Homem vive em ignorância e medo, mas um dia começa a vislumbrar a Verdade da Existência — o Espírito de Deus paira por sobre a face das águas —, e a sua história verdadeira começa.

Observamos aqui que o Espírito de Deus paira por sobre a face das águas. A água, na Bíblia, simboliza a mente humana — o intelecto e os sentimentos —, porém na prática é sempre a natureza sentimental que se revela a mais importante. E só depois que os sentimentos são tocados é que algo acontece.

O texto diz por sobre a *face* das águas. A face representa o poder do reconhecimento. Em geral, reconhecemos as pessoas por seus rostos, e a chegada da luz é o reconhecimento da Verdade.

Primeiro Dia

E Deus falou: Haja luz; e houve luz.

E viu Deus que a luz era boa; e separou a luz das trevas. (Gênesis 1,3-4.)

A primeira coisa que esse alvorecer da compreensão faz para o homem é mostrar-lhe que existe uma distinção entre a Verdade e o erro. Ele

---

* Ver Capítulo "Os sete aspectos principais de Deus".

agora sabe, embora a princípio de modo vago, que todas as experiências não são igualmente autênticas. Esse é um dos dois ou três maiores passos da sua história. Depois disso, o medo jamais voltará a ter o mesmo poder sobre ele. Tal experiência é chamada, em outra parte da Bíblia, de "a Primeira Ressurreição" porque o homem se levanta da cova (túmulo) de uma existência sem o conhecimento de Deus.

Chamou Deus à luz, Dia, e às trevas, Noite. Houve tarde e manhã, o primeiro dia. (Gênesis 1,5.)

Agora que captou o fato de que todas as experiências não são igualmente autênticas, o Homem começa a entender, embora com imperfeição, que o bem é poderoso, e o erro, não. Então, por meio do pensamento ativo, pelo uso da intuição e da razão, ele pode separar o joio do trigo. O bem, que é a Verdade no tocante a qualquer coisa, é aqui chamado de *dia,* e o erro e o medo que incorporamos a ele são apelidados de *noite.*

Assim, o Primeiro Dia representa o alvorecer da consciência espiritual. Na Bíblia, o entardecer representa a limitação, o medo, as dificuldades ou a falta de algum bem necessário, enquanto a manhã significa a realização. De modo geral, o mundo inverte isso, considerando, de preferência, o entardecer como a realização, já que culmina na inconsciência do sono. Na Bíblia, as sombras do entardecer que levam às trevas da noite são um estado errôneo que deve ser abandonado. O crepúsculo é apenas meia-luz, ou menos. O Homem deve atravessá-lo para chegar à glória do alvorecer.

Segundo dia

E disse Deus: Haja firmamento no meio das águas, e separação entre águas e águas.

E fez Deus o firmamento, e separação entre as águas debaixo do firmamento e as águas sobre o firmamento. E assim se fez.

E chamou Deus ao firmamento Céus. Houve tarde e manhã, o segundo dia. (Gênesis 1,6-8.)

O firmamento significa compreensão. Por meio do esclarecimento, embora ainda fraco, do Primeiro Dia, o Homem atingiu um começo de compreensão. Ter consciência, embora vagamente, de que o erro é uma ilusão e não tem poder é o passaporte do Homem para o Paraíso. Ele sabe que deve colocar o erro no ostracismo, digamos assim. Não está mais disposto a ceder-lhe um lugar em seus planos. Acha que ainda não conhece toda a Verdade, mas crê que chegará a conhecê-la, e que ela nada terá a ver com o mal.

Para compreender esse símbolo, precisamos saber que os antigos consideravam o céu como sendo, literalmente, um domo — talvez feito de algum tipo de metal —, colocado sobre a Terra como se fosse um grande telhado. A Bíblia o chama de firmamento e usa-o como símile de compreensão. Assim, as águas acima do firmamento, ou do lado de fora do telhado (colocadas no ostracismo), significam erro, medo ou crenças falsas de qualquer tipo. Abaixo ou dentro do firmamento (dentro da lei), fica o ser humano, que recebeu os primeiros raios de esclarecimento. Ele agora sabe, como já vimos, que as aparências não são necessariamente verdadeiras, e que não precisam ser temidas. Percebe como tende a criar ilusões para si mesmo e compreende que essas ilusões precisam ficar *fora* dos limites, no ostracismo.

Sabe que ele próprio está *dentro* dos limites, e que toda a Verdade — e apenas a Verdade — está também do lado de dentro. Portanto, sua liberação começou, sua regeneração está em andamento e, conquanto tenha ainda muito trabalho à sua frente para provar, pela demonstração, a iluminação que recebeu, mesmo assim ele a recebeu. Sabe que existe uma saída e jamais voltará a crer por completo no erro. Dali em diante, toda sua atividade mental será concentrada no estudo da Verdade.

O restante do capítulo trata da firme e crescente percepção que ele tem da Verdade; e, assim, as águas do lado de fora do firmamento desaparecem da narrativa.

Terceiro dia

Disse também Deus: Ajuntem-se as águas debaixo dos céus num só lugar, e apareça a porção seca. E assim se fez.

À porção seca, chamou Deus Terra, e ao ajuntamento das águas, Mares. E viu Deus que isso era bom. (Gênesis 1,9-10.)

Sob o firmamento, ou dentro da Verdade da Existência, há ideias infinitas e um âmbito infinito para a verdadeira autoexpressão do Homem — que, é claro, será a manifestação de Deus, já que seu destino real é expressar Deus. "Sob o firmamento", observe bem, é uma expressão puramente figurativa que significa qualquer coisa que seja verdade e, portanto, real e dentro da lei da harmonia. Não significa restrito ou circunscrito de forma alguma. Não importa quão grande fosse o domo em nossa suposição, ainda assim ele envolveria uma área limitada se encarássemos a coisa de maneira literal. Sob o firmamento, está o universo infinito da criação perfeita de Deus

É óbvio que até mesmo a pessoa com o mais elevado grau de desenvolvimento, na realidade, demonstrou apenas uma porção diminuta, muito diminuta, da Verdade disponível. Ela sabe da existência de diversas outras verdades, ou seja, ela sabe intelectualmente de sua existência como pode saber *da* existência de um país que ainda não visitou, ou *de* uma bela peça musical a que ainda não assistiu. Ela conhece não apenas intelectualmente, mas por experiência, o país que já visitou ou a sinfonia que já escutou.

Estamos experimentando a verdade que temos demonstrado, pois a percepção é experiência. Todos sabemos *de* muitas verdades espirituais que ainda não fomos capazes de demonstrar. Por exemplo, intelectualmente sabemos que nossos corpos são espirituais e perfeitos, e muitos de nós obtiveram curas notáveis devido a esse conhecimento, mas ninguém percebeu de forma integral, ou mesmo num nível muito elevado. Intelectualmente, sabemos que residimos na eternidade, porém ainda estamos presos à limitação da crença no tempo, e temos

Mude sua vida

de respeitá-la por enquanto. *Intelectualmente*, todos sabemos que somos unos com Deus, mas ninguém ainda está de todo livre do medo e da dúvida, como estará quando a percepção chegar. Todas essas são verdades *de* cuja existência sabemos, mas que apenas em parte temos demonstrado. E, é claro, ainda existem outras.

Porém, todos sabemos que no universo de Deus existem infinitas ideias espirituais, glórias infinitas das quais nem temos a mais leve noção no momento. Compreender um número cada vez maior dessas verdades fantásticas é nossa tarefa pela eternidade.

No versículo que estamos examinando, "porção seca" significa a Verdade que de fato demonstramos e, portanto, experimentamos. Vimos anteriormente que percepção e demonstração são uma só coisa. Isso quer dizer que, tão logo se perceba a verdade espiritual que diz respeito a qualquer dificuldade ou qualquer carência, essa será, sem dúvida, superada, ou a carência, suprida. Às vezes, existe um retardamento ou uma demora entre a percepção e o aparecimento de uma solução. Porém, essa delonga nunca é muito grande. Com frequência, a percepção está apenas no subconsciente, e então não estamos ainda *conscientes* de que o trabalho foi terminado. Quando rezamos ou tratamos de alguém, esperamos que Deus aja (caso contrário, seria um tratamento falso), porém, nesse caso, não existe certeza consciente de que o trabalho foi feito antes que o resultado apareça exteriormente.

Às vezes, a percepção atinge tanto o consciente como o subconsciente, e então temos uma sensação maravilhosa de paz e satisfação — a Pomba Pousa — e sabemos que o problema está resolvido antes mesmo que a solução apareça. Por vezes ocorre, mesmo depois que a pomba pousou, que a condição pareça ter piorado durante algum tempo. Mas, como a pomba chegou a você e sussurrou a Verdade, você sabe que tudo dará certo — e sempre dá. Em tais casos acontecerá que, quando chegar o alvorecer, tudo que diz respeito a essa situação será bem melhor do que era antes de surgir a crise (antes do cair da noite), e, então, você ou seu paciente ficará feliz pelo surgimento da dificuldade, por causa do grande progresso na compreensão que ela permitiu que você ou ele fizesse.

Do ponto de vista técnico, a mudança na sua consciência é a "demonstração", e a modificação vista no quadro exterior é chamada de "sinal", palavra que nos é familiar nos Evangelhos.

As águas e os mares mencionados no texto representam toda a Verdade ou todas as ideias espirituais que o indivíduo ainda não demonstrou. Tais palavras incluem as ideias *das quais* ele tem conhecimento, e também as infinitas ideias a respeito das quais nada sabe ainda, exceto que existem miríades de glórias até agora desconhecidas. De modo mais particular, a palavra "mares" se aplica às verdades espirituais *das quais* ele tem conhecimento.

E disse Deus: Produza a terra relva, ervas que deem semente, e árvores frutíferas que deem fruto segundo a sua espécie, cuja semente esteja nele, sobre a Terra. E assim se fez.

A terra, pois, produziu relva, ervas que davam semente segundo a sua espécie, e árvores que davam fruto, cuja semente estava nele, conforme a sua espécie. E viu Deus que isso era bom.

Houve tarde e manhã, o terceiro dia. (Gênesis 1,11-13.)

Nesse estágio vemos que o homem começou a rezar, porque agora sabe que Deus existe, e tem alguma noção, embora débil, do poder e da bondade Dele. Aceitou o fato de que tudo aquilo que ele parece experimentar não é *verdadeiro*. Que o bem é verdadeiro e real, e que o mal é temporário e pode ser destruído quando se sabe como. Mesmo esse conhecimento, escasso como possa parecer, revoluciona a sua vida. Abala o edifício do erro tal como um terremoto sacode um prédio frágil. Uma quantidade espantosa de medo e dúvida se dissipa de sua consciência, e *a cura começa a aparecer*.

A condição da qual ele se está curando começa a melhorar. A melhora parece pequena, a princípio, porém qualquer modificação significa o começo do fim. E, por menor que seja, estimula a sua fé.

Tudo isso é descrito no texto como o aparecimento da vida vegetal na porção seca. A vida vegetal é, de fato, vida, mas numa forma bastante limitada. As coisas que crescem podem desenvolver-se onde foram plantadas, mas não podem mover-se sobre a superfície da Terra; estão arraigadas, presas ao solo. Nem têm nada que se compare ao grau de consciência que até mesmo as formas mais inferiores da verdadeira vida animal possuem. Quando foi definitivamente separada da água, a porção sólida estava pronta para produzir vida, mas na verdade ainda se achava estéril. E agora a vida vegetal aparece. O Cristo interior sabe que a liberdade está chegando e se rejubila... e Deus vê que isso é bom.

Quarto dia

Disse também Deus: Haja luzeiros no firmamento dos céus, para fazerem separação entre o dia e a noite; e sejam eles para os signos, para as estações, para os dias e os anos.

E sejam para luzeiros no firmamento dos céus, para alumiar a Terra. E assim se fez.

Fez Deus os dois grandes luzeiros: o maior para governar o dia, e o menor para governar a noite; e fez também as estrelas.

E os colocou no firmamento dos céus para alumiarem a Terra, para governarem o dia e a noite, e fazerem separação entre a luz e as trevas. E viu Deus que isso era bom.

Houve tarde e manhã, o quarto dia. (Gênesis 1,14-19.)

À medida que cresce a demonstração, com a diminuição do medo, o homem confia mais e mais nitidamente na Verdade da Existência. Em especial, percebe que não está fazendo o trabalho ele próprio, como uma personalidade limitada, e que jamais poderia fazê-lo daquele modo. Vê que seus esforços (confiando no próprio intelecto e na própria vontade) nada podem realizar para ele, e que, na verdade, deve pedir ajuda externa. Apenas uma pessoa muito tola tentaria rezar para si mesma. É por isso que, a essa altura, o texto da Bíblia deixa a Terra e parte para os corpos celestes.

Assim, o Homem agora trabalha para aumentar a sua compreensão de Deus. Sabemos que existem sete aspectos principais de Deus, conhecíveis pela humanidade no seu estágio atual de desenvolvimento, e, desses, a Vida, a Verdade e o Amor são primordiais.* A Vida é a existência em si, e, para o aspecto prático da cura, que, afinal de contas, não passa do esforço para se conhecer a Vida mais corretamente, a Verdade e o Amor são os aspectos, em geral, mais importantes. São citados neste texto como o luzeiro maior e o luzeiro menor. Qual o

---

*Ver Capítulo "Os sete aspectos principais de Deus".

Mude sua vida

maior e qual o menor depende, em geral, do indivíduo. Algumas pessoas desenvolveram a compreensão do lado da Verdade ou da Inteligência da Vida mais que o do Amor, e para elas esse é o maior e mais poderoso luzeiro. Outras desenvolveram a compreensão do Amor de Deus mais que da Inteligência ou da Verdade da Sua natureza, e para elas o Amor Divino é o luzeiro maior. Reparem que a Inteligência é, em especial, a expressão da Verdade, e pode ser encarada como a Verdade em ação.

Com o passar do tempo, devemos buscar desenvolver igualmente a nossa compreensão de ambos os aspectos e, quando o tivermos feito, teremos a sabedoria perfeita, pois ela é o equilíbrio correto entre a Inteligência e o Amor, sendo, portanto, uma qualidade composta. A fé (não a crença cega, mas a fé da compreensão) pode ser encarada como a sabedoria em ação.

A diferença entre o luzeiro maior e o luzeiro menor às vezes mostra-se melhor no tratamento de determinada dificuldade. Um certo problema pode exigir a percepção da Verdade e da Inteligência, e não do Amor, não importa qual delas tenha sido mais desenvolvida pela pessoa que está fazendo o tratamento. Onde se vai encontrar muita raiva e medo, deve-se sempre tentar perceber o Amor Divino. Onde parece haver confusão, incompreensão ou estupidez, devem ser percebidas a Verdade e a Inteligência.

"Noite", na Bíblia, com frequência significa o que chamamos hoje de subconsciente. Vimos que precisamos desenvolver um dos dois lados da vida que for mais fraco em nós — seja o Amor ou a Inteligência — até que ele fique tão forte quanto o outro. E, à medida que progredirmos nessa tarefa, iremos desanuviando o subconsciente a uma velocidade tremenda, vale dizer, rapidamente progrediremos em sabedoria.

A sabedoria é a chave da harmonia na vida, porque o pensamento sábio que produz palavras e atos sábios pode resultar apenas no bem. E, já que é possível considerar a fé como sabedoria dinâmica, ou sabedoria em ação, como já dito, podemos ver que a fé é o segredo da vida, porque as coisas acontecem a você segundo a sua fé.

Essa verdade de que a Sabedoria e a Fé são os aspectos estático e dinâmico da mesma coisa vale uma cuidadosa consideração.

Ele também fez as estrelas. O Homem encara as estrelas físicas com admiração e assombro, mas até hoje pouco sabe sobre elas. No entanto, o simples fato de vê-las como meros pontos de luz é uma fonte incomparável de inspiração e ânimo. Assim, no texto, as estrelas representam as gloriosas verdades espirituais que vislumbramos vagamente, mas sobre as quais pouco ou nada compreendemos até agora. Sabemos, de modo difuso e geral, que essas verdades existem. Percebemos um pouco da sua beleza, mas no momento isso é tudo. A importância delas para nós reside na visão mais ampla e no estímulo inspirador que elas nos dão.

Os luzeiros no firmamento simbolizam o crescimento da nossa compreensão, pois nas Escrituras a luz é o símbolo comum para a Verdade, tal como as trevas para o erro.

Na Bíblia, via de regra, cada figura tem vários sentidos diferentes, mas suplementares. Portanto, aqueles "luzeiros" não apenas nos dão mais compreensão, mas nos transmitem igualmente uma lição explícita de *ordem*. "A ordem é a primeira lei do céu."[*] Nosso trabalho espiritual, assim como nossas atividades materiais, deve ser conduzido de modo regular e ordenado. As estações, os dias e os anos se referem à maneira ordenada como a natureza se apresenta diante dos nossos olhos — *para os signos, e para as estações, e para os dias, e para os anos.* Os "signos" aqui citados são os Signos do Zodíaco.[**]

O leitor, por certo, estará ciente de que, por toda a Bíblia, a "Terra" simboliza a manifestação ou a expressão, e significa seu corpo, seu lar, seus negócios e seu meio ambiente em geral.

Quinto dia

Disse também Deus: Povoem-se as águas de enxames de seres viventes; e voem as aves sobre a Terra, sob o firmamento dos céus.

Criou, pois, Deus os grandes animais marinhos e todos os seres viventes que rastejam, os quais povoavam as águas, segundo as suas espécies; e todas as aves, segundo as suas espécies. E viu Deus que isso era bom.

E Deus os abençoou, dizendo: Sede fecundos, multiplicai-vos e enchei as águas dos mares; e, na terra, multipliquem-se as aves.

Houve tarde e manhã, o quinto dia. (Gênesis 1, 20-23.)

Aqui primeiro aparecem as criaturas vivas e móveis. A vida restrita do reino animal dá lugar à existência muito mais livre e ampla de peixes e aves, os seres viventes, como os chama o texto. A vida dessas criaturas, e os tipos de experiências por que passam, por mais limita-

---

[*] Milton.
[**] Ver Capítulo "O Zodíaco e a Bíblia".

dos que nos possam parecer, são um tremendo avanço em relação aos das árvores e plantas, como fica claro se dedicarmos um pouco de reflexão ao assunto.

Os estudiosos hebreus nos dizem que uma palavra notável é usada pela primeira vez no original deste trecho — a palavra *nephesh*. Tal palavra implica vida consciente de si mesma e, portanto, não é usada para se referir à vida vegetal que apareceu no terceiro dia. Bem, essa palavra, *nephesh*, tem um significado complexo e inclui a ideia de inspiração, e a ideia de fogo que sabemos sempre ter sido, desde os tempos primitivos, um símbolo para espírito — para aquilo que é divino e eterno. O povo do Antigo Testamento achava que o sangue era o veículo do *nephesh*, e por esse motivo a Bíblia usa, com frequência, o sangue como símbolo dele. Na história do assassinato de Abel, por exemplo,* representa-se Deus dizendo: "A voz do *sangue* de teu irmão clama da Terra a mim." Também na história do Êxodo (Capítulo 12) respinga-se *sangue* no lintel e nos lados das portas para proteger os israelitas do anjo da destruição. Em outra parte, a Bíblia diz que "o sangue é a vida". No Novo Testamento, o sangue de Jesus é usado para simbolizar o espírito e o poder da Verdade que ensinava. Isso indica que é a oração, ou a percepção até certo nível da verdade espiritual, que nos salva na hora do perigo. O lintel da porta é, naturalmente, a entrada da casa (a consciência), onde o erro deve ser encontrado e eliminado.

Peixes e aves têm consciência de si mesmos e poder de locomoção. Podem se mexer de um lado para outro e mudar de ambiente.

---

* Gênesis 4,10.

Tudo isso simboliza a ideia de que a compreensão do Homem está se tornando, de fato, viva e poderosa. Ele modificou de modo ativo seu pensamento para melhor. A verdade é muito mais vívida para ele. Tudo isso é o resultado do fato de ele ter percebido que apenas Deus pode trazer o bem e que ele próprio não pode fazer nada sozinho. Como vimos, só depois que os corpos celestes ou luzeiros apareceram é que o *nephesh* foi introduzido, e tivemos os peixes e as aves. O tratamento está agora se agitando de forma poderosa e a demonstração se adianta célere.

SEXTO DIA

Disse também Deus: Produza a Terra seres viventes, conforme a sua espécie: animais domésticos, répteis e animais selváticos, segundo a sua espécie. E assim se fez.

E fez Deus os animais selváticos, segundo a sua espécie, e os animais domésticos, conforme a sua espécie, e todos os répteis da Terra, conforme a sua espécie. E viu Deus que isso era bom. (Gênesis 1,24-25.)

A percepção da Presença de Deus é o segredo da demonstração ou salvação. Temos de perceber que, na verdade, Deus está presente onde parece estar a dificuldade. Não basta saber que Deus em Si Mesmo é bom. Temos de reconhecer essa bondade como estando onde, a princípio, conhecíamos o medo e a desarmonia. Existe um estágio no desenvolvimento do Homem, e um estágio correspondente em cada cura, em que a bondade de Deus como fato geral é percebida até certo nível, mas em que o erro ainda parece ser muito real também. O passo final é conhecer (no pensamento, é claro, pois só nele podemos conhecê-la) a bondade de Deus onde o erro parece estar. Em outras palavras, na linguagem da Bíblia, o bem deve ser arrancado do "mar" do abstrato para "a porção seca" do bem explícito e *concreto*.

Isso é o que representa toda a cura e, na realidade, todo tipo de demonstração. E assim os seres viventes aparecem agora na porção seca. Os peixes e as outras criaturas marinhas vivem imersos nas águas, um tanto afastados de nós. As aves voam no ar, acima das nossas cabeças, também fora do nosso alcance — o estágio do quinto dia —, porém os animais da Terra, ou, como poderíamos chamá-los, os mamíferos, répteis e bichos menores que se arrastam pertencem à terra firme e se encontram com facilidade ao nosso alcance. Eis aqui outro progresso importante. Algumas dessas criaturas estão muito acima das outras na escala da vida; porém, além de terem consciência de si mesmas e locomoção, acham-se também todas firmemente estabelecidas na terra, não arraigadas nela como as plantas, mas senhoras dela. A demonstração agora está ao nosso alcance, e precisamos apenas perceber nossos direitos e privilégios a fim de nos apossarmos dela.

CRIAÇÃO DO HOMEM

Também disse Deus: Façamos o homem à nossa imagem, conforme a nossa semelhança; tenha ele domínio sobre os peixes do mar, sobre as aves dos céus, sobre os animais domésticos, sobre toda a Terra e sobre todos os répteis que rastejam pela Terra.

Criou Deus, pois, o Homem à sua imagem, à imagem de Deus o criou; Homem e mulher os criou. (Gênesis 1,26-27.)

Mude sua vida

Agora chegamos ao local, nesta maravilhosa alegoria, em que o próprio homem aparece. O homem tem consciência de si mesmo e locomoção, como as criaturas inferiores, mas, além disso, tem as qualidades divinas da intuição e da razão e *pode formar um conceito*. E essas faculdades colocam-no numa classe isolada. Um animal conhece apenas determinadas coisas. Um cachorro inteligente, por exemplo, conhece sua casa, a minha e várias outras que visitou. Porém, é incapaz de conceber *uma* casa no sentido geral — apenas uma determinada casa. Um homem pode achar que uma casa deve ter sempre uma varanda, ou que as casas em geral devem ter aquecimento central — tudo isso sem ter em mente qualquer casa específica. Essas faculdades — intuição, raciocínio, capacidade de formar um conceito — constituem o seu "domínio". Dão-lhe poder sobre as criações inferiores, ou poder para fazer a sua demonstração.

Você pode notar que três, e apenas três, atos de criação são mencionados neste tratado:

O primeiro, no versículo 1, onde se menciona a criação do universo em geral.

O segundo, no versículo 21, que refere o aparecimento do *nephesh* no quinto dia.

O terceiro, no versículo 27, quando o homem aparece pela primeira vez.

Todos esses são passos capitais na revelação da Verdade.

No seu tratamento, você verá que a criação do Homem simboliza a sua realização completa. O medo desapareceu. A sua consciência agora está límpida, e você sabe que a demonstração vai aparecer, com certeza, se é que já não apareceu. Agora, pelo menos por enquanto, você expressa a sua natureza divina de um modo tão particular como jamais o fez. E você sabe que exerce domínio sobre sua vida e que nada tem a temer. Não apenas conhece a Verdade, mas também a sente. Agora, por fim, o conhecimento e o sentimento estão equilibrados — "homem e mulher os criou". Nas Escrituras, o homem sempre representa o intelecto e o conhecimento; enquanto a mulher simboliza a natureza sentimental.

Aqui devo explicar que, na linguagem da Bíblia, a palavra "Deus" nem sempre significa Deus no sentido do Criador Universal. Ela pode se referir ao próprio Cristo Interior, ou seu Verdadeiro Eu, que é a Presença de Deus no ponto em que você está, pois no seu Verdadeiro Eu você é uma individualização de Deus. Da mesma maneira, a palavra "homem", como aparece no versículo 27 e alhures, pode significar a manifestação ou o que em outros versículos da Bíblia é chamado de "terra". A centelha divina ou a Presença de Deus em nós (o nosso Verdadeiro Eu) converteu agora a nossa manifestação na Sua imagem e semelhança, e a cura foi completada. Tudo isso é, de igual modo, verdadeiro quando você está curando qualquer outra pessoa, pois seu paciente é parte de sua manifestação, por enquanto, uma vez que você ou acredita que ele está doente ou sabe que está bem.

E Deus os abençoou, e lhes disse: Sede fecundos, multiplicai-vos, enchei a Terra e sujeitai-a; dominai sobre os peixes do mar, sobre as aves dos céus e sobre todo animal que rasteja pela Terra. (Gênesis 1,28.)

Aqui a Bíblia enfatiza outra vez que o homem deve ter domínio sobre o próprio corpo e condições. Deve ser rei no mundo da sua própria manifestação. *Sede fecundos, multiplicai-vos, enchei a Terra e sujeitai-a* significa exatamente isso. Ser fecundo e multiplicar-se é crescer em compreensão e poder espiritual, estar constantemente cônscio de novas ideias e explorá-las para Deus, e fazê-lo por toda a eternidade.

O universo em que vivemos é um universo de pensamento. Parece ser substancial e separado de nós mesmos, tal como parecem ser as experiências de um sonho. Porém, apesar disso, os estudantes de metafísica sabem que, de fato, ele não passa de pensamento. Na verdade, tudo aquilo que experimentamos nada mais é que nossos próprios pensamentos e crenças objetivados. Em linguagem técnica, dizemos que "o seu próprio conceito é o que você vê".

Quando a maioria das pessoas ouve essa Verdade pela primeira vez, sente dificuldade em acreditar nela; porém, uma reflexão cuidadosa e um exame piedoso acabam por convencê-la. Algumas pessoas parecem conhecer essa Verdade intuitivamente, mesmo quando muito jovens, sem que isso lhes tenha sido jamais contado. As crianças, naturalmente, nunca pensam dessa maneira lógica, nem têm o vocabulário correspondente, porém algumas delas sentem, à própria maneira, que os acontecimentos do mundo exterior não são, de fato, aquilo que os adultos pretendem, mas se parecem antes com uma brincadeira; ou talvez a peça de Natal de que participaram na escola — interessante e importante de certa forma, porém não uma coisa real ainda. Quando procuram obter mais esclarecimentos dos mais velhos a respeito do assunto, não conseguem fazer-se compreendidas. Consideradas precoces, com excesso de imaginação, são desencorajadas para seu próprio bem. Na maioria dos casos, isso faz com que o conhecimento acabe sendo esquecido.

Quando aprendermos a controlar nosso pensamento, poderemos controlar nossa vida. Não podemos ter controle sobre a vida até que obtenhamos êxito no controle do nosso pensamento. É preciso que se diga, mais uma vez, que precisamos exercitar-nos, primeiro para acreditar, depois para perceber que a Presença de Deus está onde parece estar qualquer condição negativa. (*Não julgueis segundo a aparência, e, sim, pela reta justiça.*)*

Pessoas diferentes conseguirão isso de modos diferentes, dependendo do temperamento e do ponto de vista do indivíduo. Em todos os casos, você deve asseverar com frequência que Deus pensa por intermédio de você, que Ele o está inspirando para usar os métodos certos, e que a Sabedoria Divina lhe indicará o passo seguinte.

Acima de tudo, você deve evitar ficar tenso. O erro mais comum que as pessoas cometem é *tentar com demasiado esforço*. Nunca se esqueça de que, em todo o trabalho mental, o esforço derrota a si mesmo. Assevere que o Espírito Divino está rezando por meio de você e creia nisso. Então não sentirá aquele desejo de forçar demais a situação, o que de fato significa força de vontade. Ao rezar desse modo, suas preces serão atendidas muito mais depressa.

A consciência espiritual está sempre "reabastecendo" a própria Terra. Nunca devemos tentar nos apegar pela mente às condições atuais ou a determinados objetos. Enquanto nos pertencerem por direito de

---

* João 7,24.

Mude sua vida

consciência, tais coisas permanecerão, e nada poderá separá-las de nós. Se elas se forem, será de fato porque nós as ultrapassamos e algo melhor está para surgir. Deixe-as seguir livremente e sem pesar, pois, antes que elas tenham ido, não poderá surgir coisa melhor.

Não existe na vida espiritual algo como atingir um estado de inteireza, de perfeição, uma condição em que tudo seja perfeito, acabado e imutável. Você nunca pode alcançar um estágio em que possa parar de rezar e, digamos assim, descansar sobre os louros. Uma condição desse tipo significaria, na verdade, que você teria atingido um ponto em que poderia parar de comungar com Deus. O céu "estático" da ortodoxia era muitas vezes representado como algo assim, porém essa ideia é fundamentalmente errada. Cessar a nossa comunhão com Deus seria deixar o céu e regressar à limitação. Enquanto mantivermos a nossa comunhão viva com Deus, nossa consciência crescerá cada vez mais, e, claro, nossa manifestação individual se expandirá e enriquecerá de modo proporcional. Certo homem, cheio de ressentimento, disse: "Então devo continuar trabalhando eternamente?" Isso demonstra com nitidez um engano fundamental. Trabalhar, no sentido de labuta ou esforço, não é em absoluto comunhão espiritual, nem nos conduz ao céu. A prece ou o tratamento que nos conduz ao céu produz uma sensação de alegre camaradagem com Deus, e é exatamente o inverso da labuta.

Os estudantes da Verdade usam, com frequência, a palavra "trabalhar" quando querem dizer orar ou tratar. Dizem "trabalhei por tal coisa" ou "você devia trabalhar de tal maneira". O termo é conveniente desde que compreendamos que não implica uma tarefa ou atividade árdua.

Os peixes, as aves e os animais da Terra representam, de maneira detalhada, as diferentes qualidades e poderes que pertencem ao homem espiritual. O ser humano, tal como o conhecemos agora, possui todas essas coisas, mas apenas um germe — assim como o carvalho existe em potencial na bolota — e ele as desenvolverá aos poucos, à medida que for progredindo espiritualmente. O término desse desenvolvimento será o seu domínio sobre os peixes, as aves e os animais da Terra.

E disse Deus ainda: Eis que vos tenho dado todas as ervas que dão semente e se acham na superfície de toda a Terra, e todas as árvores em que há fruto que dê semente; isso vos será para mantimento. E a todos os animais da Terra e a todas as aves dos céus e a todos os répteis da Terra, em que há fôlego de vida, toda erva verde lhes será para mantimento. E assim se fez. (Gênesis 1,29-30.)

Deus trabalha em e através de Sua criação o tempo todo. Na verdade, Deus é o único poder — a única Causa. Quando Ele nos dá inspiração para realizar algo, ao mesmo tempo nos fornece tudo aquilo de que precisamos para fazê-la e nos proporciona o poder por meio do qual ela é feita. "Quem jamais vai à guerra à sua própria custa?"*

Aqui o reino vegetal representa essa provisão. Simboliza tudo aquilo que necessitamos para fazer o serviço de Deus, o que significa, está claro, expressá-lo. Inclui qualquer equipamento material de qualquer tipo, qualquer apresentação ou cooperação de que precisarmos, qualquer apoio financeiro e, acima de tudo, qualquer informação, ideias

---

* 1 Coríntios 9,7.

Mude sua vida

novas, compreensão maior, orientação ou sabedoria, assim como a energia necessária para levar a cabo qualquer empresa. Essas coisas podem ser consideradas o "mantimento" da empresa, e é nesse sentido que o texto usa essa palavra nos versículos 29 e 30.

Segundo uma antiga máxima, tudo, de maneira direta ou indireta, vem originariamente do solo, e vemos que as Escrituras, com lógica divina, começam afirmando a existência da provisão infalível de Deus em fazer a criação vegetal aparecer tão logo a porção seca esteja disponível e antes que surja qualquer uma das criações mais elevadas ou intrincadas.

Como sabemos, é regra universal que os seres viventes tenham descendentes da própria espécie. Os pensamentos são seres viventes. Na verdade, são em especial seres viventes vitais, e assim os pensamentos seguem essa lei. Pensamentos positivos produzem condições positivas e harmoniosas; pensamentos negativos produzem medo e limitação. A Bíblia jamais se cansa de afirmar essa lei, citando exemplo após exemplo, desde o Gênesis até o Apocalipse. E nós jamais devemos cansar de lembrá-la, no tempo certo ou fora dele. É interessante notar que a cor característica do reino vegetal, quando sadio, é verde, e que no simbolismo espiritual o verde representa a Inteligência. Esse aspecto de Deus, a Inteligência, é expresso no indivíduo como uma compreensão inteligente da Lei Divina — em especial, essa lei que tem uma importância vital para nós —, que é a base de toda a demonstração consistente e confiável em oposição a respostas ocasionais e esporádicas à prece. Portanto, essa lei já começa a ser revelada na fase da porção seca ou no terceiro dia, quando aparece a vegetação.

E viu Deus tudo quanto fizera, e eis que era muito bom. Houve tarde e manhã, o sexto dia. (Gênesis 1,31.)

Ao descrever cada estágio da Criação, a Bíblia nos diz, de modo significativo, que Deus vê que a Sua criação é boa. Em parte alguma se expressa condenação ou arrependimento. A Criação é revelada como definitivamente boa. A vida é boa; a vida é uma bênção; é um dom glorioso e uma oportunidade sublime. É isso que a Bíblia ensina sobre a vida — *que é boa.*

As Escrituras reconhecem a existência temporária do mal e do sofrimento, mas ensinam que essas coisas não são reais no sentido de se mostrar substanciais e, portanto, permanentes. Elas ensinam que atraímos tais coisas por causa de nosso pensamento errôneo e de raras crenças falsas. Esse pensamento inclui não apenas o pecado, mas o fato de alimentarmos crenças falsas de qualquer tipo, o que significa falta de conhecimento correto da vida. Ensinam que nos libertamos do sofrimento e da limitação e alcançamos a felicidade gloriosa ao estudar as leis de Deus e, depois, viver segundo as mesmas.

Assim, a religião da Bíblia se opõe de maneira diametral a algumas das filosofias orientais que são por essência pessimistas. Tais filosofias consideram a vida do homem, a existência consciente de si mesma, um mal em si. Para elas, a vida é, em sua natureza íntima, uma infelicidade, necessariamente plena de sofrimento e desapontamento, e seria melhor para nós se nos livrássemos dela o mais rápido possível. A existência consciente de si mesma, pregam elas, é uma maldição, e a única esperança do homem é extinguir todo interesse na vida e, por fim, cessar de ter existência consciente.

Mude sua vida

É raro que os estudantes ocidentais que abraçam essa filosofia percebam seu significado real. São atraídos para ela pela vida bondosa e imaculada que tantos dos seus devotos levam. A doutrina de misericórdia e fraternidade que a acompanha deve merecer nossa admiração sincera, mas, ainda assim, ela é fundamentalmente pessimista, defende o suicídio espiritual (se tal coisa fosse possível). Outros a adotam porque a sua grande simplicidade implica repouso e calmante para corações e mentes confusos e cansados das teologias complicadas e artificiais da ortodoxia cristã.

Deve ficar bem entendido que você jamais perderá a sua individualidade. No final, quando alcançar a união total e consciente com Deus e *souber* que é uno com Ele, ainda se reconhecerá como um indivíduo e manterá essa identidade por toda a vida eterna. Você estará sempre crescendo e se desenvolvendo, mas também será sempre você. A essa altura, terá esquecido as preocupações e os sofrimentos que deixou para trás no passado, assim como um adulto esquece a maioria dos sofrimentos e temores da infância, e até mesmo muitos do passado recente. A união completa e consciente com Deus não significa absorção ou aniquilamento da individualidade.

O Homem, na sua percepção de Deus, não é, de maneira alguma, parecido com uma gota d'água que volta a cair no oceano, como pensou certo poeta, pois essa gota se dispersa e se perde — deixa de existir como gota. O Homem pode ser comparado a uma fagulha que se desprende de um incêndio. A fagulha, de pequeno começo, se transforma numa chama imensa, num fogaréu — claro que não como ou igual ao fogo matriz, mas uno com ele, porque todo fogo é fogo.

Sétimo Dia

Assim, pois, foram acabados os céus e a Terra, e todo o seu exército.

E, havendo Deus terminado no dia sétimo a sua obra, que fizera, descansou nesse dia de toda a sua obra que tinha feito.

E abençoou Deus o dia sétimo, e o santificou; porque nele descansou de toda a obra que, como Criador, fizera. (Gênesis 2,1-3.)

Você reza ou disserta sobre determinado assunto até obter uma vívida concepção a esse respeito. Quando tiver chegado a esse ponto, não sentirá qualquer necessidade ou propensão para continuar a rezar sobre o assunto. Estará satisfeito, e com uma satisfação e certeza profundas e indescritíveis. Este é o *Sétimo Dia*, quando você descansa com uma sensação de louvar e dar graças a Deus.

Muitas vezes ocorre que, na verdade, você não obtém uma boa percepção, mas sente que fez tudo o que podia, pelo menos temporariamente. Continuar trabalhando além desse ponto seria usar a força de vontade, e assim você abençoa o trabalho que fez e deixa as coisas como estão. Você falou a Palavra. Verbalizou a Verdade. Como testemunha de Deus, atestou Sua onipresença inalterada e inalterável; e agora vem o descanso para o povo de Deus — tendo feito tudo o que era possível. Nesse caso, a demonstração em geral é feita, e então o próprio sinal é o Sétimo Dia.

Na história de uma demonstração específica, os "Sete Dias" podem ocupar um tempo longo ou curto no calendário ou no relógio. Determinado problema pode ser resolvido em uma semana, outro, em algumas horas ou minutos. Algumas demonstrações gloriosas levaram

Mude sua vida

muitos anos, segundo a nossa contagem de tempo. Porém, em cada caso, passou-se pelos sete estágios. Os estágios individuais foram mais longos ou curtos em casos diferentes, e o Sétimo Dia só surgiu algumas vezes com o aparecimento do sinal, como vimos, e, em outras, com antecipação. Na bela experiência que chamamos de demonstração instantânea, os sete estágios ainda são percorridos com tamanha rapidez que não nos damos conta deles. Apesar disso, o trabalho é feito na ordem explicada, pois essa é a maneira como a mente humana sai da limitação, sob a ação de Deus.

Essa é, portanto, a história narrada pelo primeiro capítulo do Gênesis; simples, mas abrangente, pois esses 34 versículos são nada mais nada menos que a história da vida da humanidade, e ao mesmo tempo fornecem um mapa para a salvação e a eternidade. Sabiamente, a Bíblia começa com essa revelação, pois ela é, sem dúvida, o portal do Céu.

Adão e Eva

A história de Adão e Eva no Jardim do Éden é a maior parábola da Bíblia. É sumamente importante porque explica a natureza real da nossa vida aqui na Terra. Fala-nos sobre nós mesmos e sobre como atraímos as condições em que vivemos. É o livro didático da anatomia espiritual e psicológica. Quando compreender por completo a história do Jardim do Éden, você terá compreendido a natureza humana, e quando compreender a natureza humana, terá domínio sobre ela. Essa parábola é colocada quase no começo da Bíblia porque é a base sobre a qual toda ela é erigida. E o restante da Bíblia, até o final do Apocalipse, pressupõe a compreensão da parábola do Jardim do Éden. Na realidade, só há uma seção da Bíblia antes dela, o primeiro capítulo básico que ensina os fundamentos da demonstração espiritual.

A Bíblia não se destina primordialmente a ensinar história, biografia ou ciências naturais. Destina-se a ensinar psicologia e metafísica. Lida, em primeiro lugar, com os estados de espírito e as leis da atividade mental. Qualquer outra coisa é apenas incidental. Cada um dos principais personagens da Bíblia representa um estado de espírito que qualquer um de nós pode experimentar, e os acontecimentos que ocorrem com os diversos personagens ilustram as consequências que enfrentamos por ostentar tais estados, sejam eles bons ou ruins.

Alguns dos personagens da Bíblia, como Moisés, Elias e Paulo, são figuras históricas. Foram homens de verdade que viveram na Terra e fizeram as coisas que lhes são atribuídas. Apesar disso, representam também estados de espírito e, claro, encarnaram diferentes estados de espírito em épocas diferentes, à medida que decorriam suas vidas. Outros personagens da Bíblia, tais como Adão e Eva, o Filho Pródigo, o Bom Samaritano* e a Mulher Escarlate,** são, é evidente, fictícios e nunca tiveram existência real, mas também expressam estados de espírito e sempre de maneira notavelmente simples e explícita.

Bem, um estado de espírito não pode ser encarado ou imaginado de modo direto, como se fosse um objeto material. Pode ser descrito apenas de forma indireta, por uma figura de estilo, uma alegoria ou parábola, porém, infelizmente, pessoas irrefletidas sempre tenderam a tomar ao pé da letra a figura de estilo ou alegoria, perdendo, assim, seu significado real, que fica oculto. Adora-se o véu de Ísis, enquanto a própria é esquecida. Outro mal que se segue a isso é que, já que muitas parábolas *não podem*, é claro, ser literalmente verdadeiras, tais pessoas, incapazes de aceitar a autenticidade da história, passam a rejeitar a Bíblia no seu todo como uma coleção de falsidades. Foi essa a atitude de Ingersoll, nos Estados Unidos, Bradlaugh, na Inglaterra,

---

*Lucas 10,33.
**Apocalipse 17,3-4.

Mude sua vida

e muitos outros. O fundamentalista, por outro lado, violenta o seu bom senso ao tentar forçar-se a acreditar que essas parábolas são verdadeiras, palavra por palavra, enquanto, no fundo do coração — que é o lugar que importa —, não consegue acreditar de fato nelas, e assim um perigoso conflito se estabelece em seu subconsciente.

Você não pode tomar de um lápis e desenhar uma imagem do medo, por exemplo; mas pode desenhar uma figura humana e representar o terror na sua fisionomia. Não pode pegar um pincel e pintar o remorso, ou a inveja, ou a sensualidade, como tais. Mas pode tomar de uma caneta e escrever sobre um fogaréu e sobre uma alma que sofre o tormento das chamas, e então terá uma excelente descrição do sofrimento causado por esses males. No entanto, muitas pessoas decerto pensarão que você se refere a um corpo humano de verdade sendo consumido por um fogo físico. Você não pode retratar uma alma experimentando uma sensação de paz e harmonia perfeitas, mas pode falar de um músico hábil tocando uma bela melodia numa harpa afinada com mestria. A Justiça é uma virtude abstrata que não pode ser desenhada ou esculpida, mas você pode desenhar ou esculpir uma mulher, de olhos vendados, que segura uma balança na mão — e todos que a virem saberão que você se refere à Justiça. A Bíblia usa esse método para difundir os seus ensinamentos. Serve-se de coisas exteriores concretas para expressar ideias interiores, subjetivas ou abstratas. Como diz Paulo, essas coisas são uma alegoria.

Na história do Jardim do Éden, muitas pessoas parecem pensar que Eva simboliza a mulher como sexo, e que Adão representa o homem como sexo, mas isso é absurdo. Adão e Eva representam uma pessoa.

Representam o Homem Comum. Representam você e eu e cada homem e mulher na face do globo. Representam o ser humano, como o conhecemos. *Adão significa o corpo,* enquanto *Eva significa a alma ou mente humana*, que consiste no intelecto e na natureza sentimental. Na Bíblia, a mulher sempre quer dizer a alma.

A história conta que Eva comeu determinada fruta e que, como resultado disso, ela e Adão foram expulsos do Paraíso e ficaram sujeitos a todas as dores e sofrimentos que a natureza humana conhece. Essa é a grande parábola porque estabelece a Grande Lei de um só golpe. O fato é que o corpo não pode experimentar nada que não apareça primeiro na mente; e a mente não pode ter convicção alguma sem que seu efeito apareça no corpo ou na corporificação. Assim, não foi casual o fato de ter sido Eva a primeira a comer o fruto, e não Adão. O corpo não pode fazer nada à alma porque este é efeito, e não causa. O corpo é uma sombra lançada pela mente e a sombra não pode fazer nada para afetar o objeto que a lança.

A essa altura, você deve observar com cuidado que a palavra "corpo" quer dizer a corporificação completa do sujeito, e inclui não apenas o seu corpo físico, mas também as coisas materiais de toda espécie que o circundam. A Grande Lei da natureza humana diz que o meio ambiente de um indivíduo, em qualquer dado momento, não passa da expressão exterior ou da manifestação do seu consciente (e inconsciente) no momento. Os estados de espírito jamais resultam de condições externas (embora, é claro, isso possa *parecer* verdadeiro até que analisemos com meticulosidade a situação), mas é sempre a imagem exterior que é produzida pelo estado mental. Eva pode criar dificuldades

Mude sua vida

para Adão ou pode oferecer-lhe harmonia. Porém, Adão nada pode fazer a Eva, a não ser que a alma coma primeiro os frutos proibidos do medo, da raiva, da cobiça etc., a corporificação será harmoniosa e livre. No entanto, qualquer coisa que a alma consuma ou a que se dedique deve aparecer e aparecerá no corpo.

Esse é o significado essencial da parábola do Jardim do Éden, e agora nos ocuparemos dos detalhes em ordem lógica, de maneira um tanto extensa. Todos esses detalhes são importantes e instrutivos ao extremo. Cada um deles nos fornece uma pista importante para a nossa própria natureza, mas são ainda secundários em relação ao grande tema central de que *este é um universo mental,* e de que é a mente que produz todos os fenômenos.

Recomendo que o leitor releia atentamente o Livro do Gênesis, Capítulos 2 e 3, começando no Capítulo 2, Versículo 4. Observar-se-á que os três primeiros versículos do Capítulo 2, segundo a nossa Bíblia, na verdade pertencem ao Capítulo 1, e não fazem parte da parábola de Adão e Eva. A Bíblia só foi dividida em capítulos e versículos quando a Era Cristã já ia bem adiantada. Os autores originais não sabiam nada desse arranjo, mas ele é bem conveniente, embora em certos casos as divisões não tenham sido feitas no lugar correto.

O primeiro ponto a analisar é a natureza do fruto que Eva comeu. É o fruto da árvore da ciência do bem e do mal (Gênesis 2,17). Observe isso com muita atenção. Que tipo de árvore é especificada? É a árvore da ciência do bem e do mal, portanto com óbvio significado alegórico. Nenhuma árvore literalmente nasce assim na Terra. Isso nos prova, sem sombra de dúvida, que *a história é uma alegoria* e, como tal, deve ser encarada. Parece ser crença popular de que foi uma maçã que Eva comeu, mas a Bíblia não diz nada disso. O que ela comeu foi o fruto da árvore da ciência do bem e do mal. Como poderia alguém ter tomado essa maravilhosa alegoria por verdade histórica é difícil de entender, mas foi o que aconteceu, e todas as teologias ortodoxas se baseiam numa suposta "queda do homem", causada por ter, de fato, comido o fruto de uma árvore de verdade, numa localização geográfica autêntica, numa data definida do passado. No entanto, a coisa toda é pura alegoria, como a história do Bom Samaritano ou uma das fábulas de Esopo, só que ensina lições bem maiores e mais profundas. Basta pensar um pouquinho para ver que criar um casal humano adulto — inexperiente de todo, por não ter tido infância ou adolescência — e depois puni-lo por uma transgressão cuja natureza lhe seria impossível compreender não seria algo inteligente. E ainda menos inteligente, além de injusto, seria castigar com incapacidades e sofrimentos os distantes descendentes desse casal por algo que aconteceu séculos antes de seu nascimento, e pelo qual eles não eram de forma alguma responsáveis.

A narrativa diz:

"E lhe deu esta ordem: De toda árvore do jardim, comerás livremente, mas da árvore da ciência do bem e do mal não comerás; porque, no dia em que dela comeres, certamente morrerás." (Gênesis 2,16-17.)

Isso significa que, se nos dedicarmos à ciência do bem e do mal, sofreremos. Ou seja, se alimentarmos tanto pensamentos bons quanto maus, teremos dificuldades. Não se diz que isso acontecerá se comermos frutos que sejam de todo nocivos, o que quer dizer ter pen-

Mude sua vida

samentos inteiramente negativos, pois ninguém em seu juízo perfeito faria isso. O problema reside no *fruto misto*. É a mistura do bem e do mal no nosso pensamento que causa a nossa ruína. Quando as pessoas têm pensamentos maus, a mente carnal sempre fornece o que parece ser um bom motivo para isso. Quando os indivíduos criticam os outros, quando alimentam pensamentos de ressentimento ou condenação, ou enchem a cabeça com pensamentos de doença, privações, e assim por diante, sabem muito bem inventar razões na aparência boas para agir desse modo e assim se enganar, comendo então o fruto misto. A lei diz que não devemos ter pensamentos maus em circunstância alguma; caso contrário, sofreremos as consequências.

O Homem tem o livre-arbítrio para pensar no bem ou no mal, e ele, constantemente, escolhe o mal. E é esse pensar no mal que provoca a "queda do homem", que ocorre o tempo todo, sempre que nos permitimos pensar de modo errado. Não é um evento do passado, mas uma ocorrência constante que deve ser superada por um treino para pensarmos o tempo todo de maneira correta.

Na história de Adão e Eva, o homem aparece primeiro porque o ser humano sempre tem consciência do corpo antes de descobrir a alma. Isso se aplica à humanidade como raça, e também ao indivíduo quando bebê.

"Mas a serpente, mais sagaz que todos os animais selváticos que o Senhor Deus tinha feito, disse à mulher: É assim que Deus disse: Não comereis de toda árvore do jardim?

Respondeu-lhe a mulher: Do fruto das árvores do jardim, podemos comer;

Mas, do fruto da árvore que está no meio do jardim, disse Deus: Dele não comereis, nem tocareis, para que não morrais.

Então a serpente disse à mulher: É certo que não morrereis." (Gênesis 3,1-4.)

A serpente representa a natureza inferior, a mente carnal. A mente carnal, uma expressão que devemos a Paulo, é a crença de que somos separados de Deus, quando, na realidade, somos unos com Ele. É a crença de que as coisas interiores são subservientes às exteriores, em vez do inverso, ou de que há poder na matéria. A essa crença errônea, bem se aplica o termo "queda do homem", pois é a causa de todos os nossos problemas e de nossas dificuldades. Essa crença é sutil ao extremo. Todos sabemos muito bem com que facilidade se esgueira para o nosso pensamento, sem que tenhamos consciência dela. Aceitamos a doutrina de Jesus Cristo, achamos que a compreendemos, mas constantemente nos surpreendemos ao esquecê-la em momentos importantes. Tal erro é bem representado por uma serpente ou cobra, que, com seu movimento silencioso e sutil, ataca a vítima sem aviso.

O mundo pensa que, se analisarmos o mal, estudando-o e enchendo com ele nossa mente, acabaremos por subjugá-lo. E diz pela voz da serpente:

"Porque Deus sabe que no dia em que dele comerdes se vos abrirão os olhos e, como Deus, sereis conhecedores do bem e do mal." (Gênesis 3,5.)

É claro que a verdade é o oposto. A única maneira de vencer o mal é recusar-se a entrar em contato com ele mentalmente — ou, se já fizemos isso, ignorá-lo.

Mude sua vida

A grande parábola continua dizendo que, quando o casal comeu o fruto, percebeu que estava nu e teve medo. Mal permitimos que o mal se apodere de nossa mente e logo somos tomados pelo medo, sentimo-nos desprotegidos ou "nus" também, e procuramos alguma coisa material para nos salvar — quando a nossa única salvação está em saber que o mal não é real. Antes de comer o fruto proibido, Adão e Eva não tinham consciência de estarem desprotegidos ou nus.

A parábola segue explicando que, à hora da brisa da tarde, eles ouviram a voz de Deus interpelando-os. Isso quer dizer que, depois de feito o mal e após termos alimentado pensamentos negativos e começado a sofrer as consequências disso, temos tempo de refletir e então nos voltamos para Deus, imaginando o que irá Ele pensar ou fazer a esse respeito.

Claro, Eva tenta Adão, e Adão culpa Eva, porque, como vimos, nada pode acontecer ao corpo que não se encontre primeiro na alma. Você pode dizer que algo aconteceu a seu corpo, acerca do qual você nada conhecia antes, mas então deve ter ocorrido um pensamento correspondente ou equivalente mental em sua cabeça; caso contrário, a coisa propriamente dita não poderia ter-lhe acontecido. A explicação é que ela estava no seu inconsciente e, portanto, você nada sabia a seu respeito — e não obstante ela estava ali.

"O Senhor Deus, por isso, o lançou fora do Jardim do Éden, a fim de lavrar a terra de que fora tomado." (Gênesis 3,23.)

Nossa crença na realidade do mal e da limitação é a causa de todos os nossos problemas. É a causa da doença. É a causa das discussões e da desarmonia. É a causa da pobreza, uma vez que, quando *conhecemos* a

Verdade da Existência, em vez de apenas *acreditarmos* nela, não temos de labutar e mourejar para ganhar a vida, pois nosso pensamento será criativo e demonstraremos aquilo que precisamos. Nesse ínterim, porque Eva comeu do fruto proibido — porque a raça acredita na limitação —, temos de mourejar para ganhar a vida. O solo tem de ser cultivado com esforço e as colheitas parecem estar sujeitas a todo tipo de peste e outros perigos. "No suor do rosto comerás o teu pão." (Gênesis 3,19.)

"E à mulher disse: Multiplicarei sobremodo os sofrimentos da tua gravidez; em meio a dores, darás à luz filhos; o teu desejo será para o teu marido, e ele te governará." (Gênesis 3,16.)

Como resultado da Queda — a crença na limitação —, a alma produz novas ideias com muito esforço e preocupação. Criações artísticas e novas invenções só lenta e penosamente são alcançadas pela humanidade. Os egípcios podiam ter tido o telefone, e os romanos, o automóvel, se tivessem sabido como inventá-los, pois a natureza estava tão preparada para dar-lhes naqueles tempos quanto agora. Daqui a um século, a humanidade usufruirá de muitos benefícios que nos são hoje negados porque ainda não os descobrimos ou inventamos. O Homem real, espiritual, pode ter o que quiser a qualquer momento, por meio do Verbo criativo.

"E, expulso o homem, colocou querubins ao oriente do Jardim do Éden, e o refulgir de uma espada que se revolvia, para guardar o caminho da árvore da vida." (Gênesis 3,24.)

Comer o fruto proibido — crer na limitação — é a queda do Homem, e por isso somos expulsos do Paraíso e devemos ficar de fora até que a crença falsa seja abandonada. A lei da harmonia impede que aquele que tem uma crença falsa entre no Paraíso, não importando

Mude sua vida

de que direção ele faça a tentativa. Por exemplo, enquanto você acreditar que seu corpo é material e limitado e, portanto, sujeito a doenças e acidentes, não poderá ter saúde perfeita. Mas, quando *souber* que seu corpo é espiritual e eterno, terá a saúde perfeita.

Adão e Eva representam o ser humano como o conhecemos. Não se trata do homem espiritual real, que é perfeito e eterno, mas da pessoa que conhecemos aqui neste plano. Bem, o que é o ser humano? Por exemplo, o que é, para você, a sua personalidade humana? É a sua opinião sincera a próprio respeito, ou, para falar em termos filosóficos, é o conceito que você faz de si mesmo — só isso e nada mais. Você é o que *realmente* acredita ser. Você experimenta aquilo em que *realmente* acredita. Qualquer fenômeno não passa de nossa própria crença nele. Não existe diferença entre a coisa e a ideia da coisa. É frequente ouvirmos que os pensamentos são coisas, mas a verdade é que as coisas são pensamentos. Daí se segue que, quando você "não pensa" uma coisa, ela desaparece. O mundo em que você vive é o de suas próprias crenças. Você o criou pensando nele, e pode destruí-lo a qualquer momento "não pensando" nele. É esse o significado da espantosa afirmação "és pó, e ao pó tornarás". (Gênesis 3,19.)

Mais uma vez, devo insistir com o leitor para que não esqueça o subconsciente. O subconsciente (em geral, chamado de inconsciente nos livros médicos) é aquela parte da sua mentalidade que você não percebe. Você pode deixar de notar que esteve se apegando a determinado pensamento ou crença, mas eles podem estar no seu subconsciente. Se assim for, eles afetarão a sua vida, a despeito do fato de você não saber conscientemente da sua existência. É provável que se trate de algo que procede da sua infância. A importância da prece reside no fato de que a oração, e apenas ela, pode redimir e reeducar, e de fato o faz com o subconsciente.

A crença humana é algo temporário, sempre se modificando, caindo no pó. O nosso eu espiritual real *compreende*; o nosso eu humano temporário apenas *crê*. A compreensão é pertinente à Verdade e, portanto, permanente. É o "firmamento" do Gênesis 1,6. O primeiro capítulo do Gênesis trata do Homem espiritual e da Verdade eterna. Nessa seção, o segundo e o terceiro capítulos tratam do homem como o conhecemos, ou pensamos conhecer, por ora.

"Porei inimizade entre ti e a mulher, entre a tua descendência e o seu descendente. Este te ferirá a cabeça, e tu lhe ferirás o calcanhar." (Gênesis 3,15.)

A inimizade entre a alma humana e a serpente é facilmente compreensível, e aqui temos uma profecia de que a humanidade acabará por vencer a limitação e o medo: ela ferirá a cabeça da serpente. Nesse ínterim, até que isso aconteça, a serpente continuará a causar grandes problemas para o homem. O "calcanhar" se refere àquilo que é o ponto mais vulnerável — que pode ser amor pelo dinheiro, tendência à crítica e à censura, sensualidade, ou outra coisa qualquer. O calcanhar sempre foi símbolo do ponto fraco do homem, pois é o local com que ele entra em contato com o solo. É claro que nesse sentido logo nos vem à mente o calcanhar-de-aquiles e também a profecia de Jacó, agonizante, a respeito de Dan.[*]

---

[*] Gênesis 49,17, e ver Capítulo "Os Quatro Cavaleiros do Apocalipse".

Mude sua vida

Quando a Bíblia fala no "Senhor", ou, como faz nesta seção, no "Senhor Deus", refere-se ao *nosso conceito* ou ideia de Deus, e não, necessariamente, a Ele como de fato é. Por exemplo, em outra parte aprendemos que Deus endureceu o coração do Faraó,* e isso significa que a ideia (errônea) do Faraó sobre Ele lhe endureceu o coração e não que o verdadeiro Deus tenha feito isso. É triste, mas sabemos muito bem quantas vezes, ao longo da história cristã, o nome de Deus foi invocado por gente completamente sincera para justificar perseguições religiosas. Repetimos que era a sua falsa noção de Deus que os levava a fazer essas coisas cruéis, e não, é claro, o próprio Deus. Quando quer referir-se ao verdadeiro Deus, a Bíblia apenas usa a palavra "Deus" ou "Eloim" — e, claro, as palavras Vida, Verdade e Amor são Aspectos de Deus.** João falou: "Deus é amor." E Jesus disse: "Sou o Caminho, a Verdade e a Vida."

Na parábola de Adão e Eva, vemos empregada a expressão "Senhor Deus", e assim estamos lidando com o conceito que o Homem tem Dele — que é o Deus que ele adora e, portanto, o Deus que governa a sua vida. Foi a ideia que o Faraó fazia de Deus, um sultão oriental despótico como ele próprio, que lhe endureceu o coração.

No diálogo entre o Senhor Deus e Adão e Eva, é a consciência do Homem que trava diálogo consigo mesma, explorando e analisando os eventos que haviam ocorrido. Qual pessoa nunca travou um debate interno desses, uma discussão entre a natureza superior e a inferior,

---

* Êxodo 10,1.
** Ver Capítulo "Os sete aspectos principais de Deus".

ao sopesar os prós e os contras de determinada tentação ou determinado problema?

"Fez o Senhor Deus vestimenta de peles para Adão e sua mulher, e os vestiu." (Gênesis 3,21.)

Adão e Eva, por terem aceitado a crença na limitação como algo verdadeiro a ser enfrentado, fizeram para si mesmos "vestimentas de peles", tentando corrigir uma crença limitante dentro de outra, e se aprofundando ainda mais na confusão.

"Então disse o Senhor Deus: Eis que o homem se tornou como um de nós, conhecedor do bem e do mal; assim, para que não estenda a mão, e tome também da árvore da vida e coma e viva eternamente." (Gênesis 3,22.)

Eles chegam, por fim, a uma condição de desânimo e dúvida quando pressentem que não há saída, que "o que não tem remédio remediado está", e que o pecado, a doença, a velhice e a morte são inevitáveis. Tal crença os afasta da árvore da vida. Caso contrário, teriam estendido as mãos — teriam tratado e superado seus pensamentos negativos — e tomado do fruto, comido dele e vivido para sempre. A árvore da vida é a *compreensão* de que Deus e nós somos um só e que nossos eus verdadeiros são espirituais e eternos. Tal compreensão não é mera doutrina intelectual, pois cura de fato o corpo e acaba por regenerá-lo.

Jesus veio para nos ensinar sobre a árvore da vida e como comer do seu fruto, e assim superar a queda do homem. Ele falou: "Buscai primeiro o reino de Deus e todas as coisas vos serão acrescentadas."[*] E

---

[*] Mateus 6,33; Lucas 12,31.

Mude sua vida

falou: "O reino de Deus está dentro de vós."* Na Bíblia, a palavra "dentro" significa pensamento, em oposição ao mundo exterior das coisas.

"E saía um rio do Éden para regar o jardim, e dali se dividia, repartindo-se em quatro braços.

O primeiro chama-se Pisom; e é o que rodeia a terra de Havilá, onde há ouro.

O ouro dessa terra é bom; também se encontram lá o bdélio e a pedra de ônix.

O segundo rio chama-se Giom; e é o que circunda a terra de Etiópia.

O nome do terceiro rio é Tigre; é o que corre pelo oriente da Assíria. E o quarto é o Eufrates." (Gênesis 2,10-14.)

Ainda com respeito à parábola de Adão e Eva, fala-se de um rio notável que tem origem no Éden, mas que, ao sair do jardim, divide-se em quatro braços. Isso é a profunda expressão da natureza do Homem. O homem é uno, um ser espiritual, a expressão de Deus, perfeito e eterno, mas, devido à sua crença na limitação, parece estar, por ora, dividido em quatro partes, e essa divisão aparece apenas depois que o rio deixa o Éden. Vamos nos familiarizar muito com essas quatro divisões no decorrer da Bíblia. São citadas como os "Quatro Cavaleiros do Apocalipse", como os "Quatro Animais à volta do trono", no mesmo Livro do Apocalipse, e mencionados em outras partes da Bíblia.**

---

* Lucas 17,21.
** Ver Capítulo "Os Quatro Cavaleiros do Apocalipse".

Não há necessidade de discuti-los aqui de modo detalhado, bastando dizer que o rio Pisom representa a natureza espiritual do Homem — o Cavalo Branco. A terra de Havilá, "onde se encontra ouro", é a consciência espiritual. O ouro sempre representa a verdade de que o poder de Deus está presente em toda parte. O Homem muitas vezes pensa que existem poder e proteção no dinheiro ou na chamada segurança material. Ele idolatra o bezerro de ouro, fazendo um deus de dinheiro e, desse modo, confundindo o símbolo com a verdade que se oculta por trás dele. Todos os movimentos religiosos correram o risco de confundir os símbolos de Deus com o Próprio Deus, incorrendo, assim, numa idolatria inconsciente. O ouro de Havilá é *bom*, ou seja, é o reconhecimento do Próprio Deus como o único poder, e esse reconhecimento é a única coisa que jamais nos falhará. Pisom, num sentido especial, simboliza Deus como Vida, e o bdélio e a pedra do ônix representam a Verdade e o Amor, já que a consciência espiritual é composta, essencialmente, de Vida, Verdade e Amor. O Pisom é uma referência ao rio Indo, que, para os povos da Bíblia, encontrava-se bem a leste, e sabemos que o leste significa inspiração e a Presença de Deus.[*]

O rio Giom representa a natureza sentimental, ou o Cavalo Vermelho. É uma referência ao Nilo e ao Egito, que, mais tarde, veio a se tornar a terra do cativeiro. A Etiópia era adjacente ao antigo Egito, e muitas pessoas atraem, na prática, a maior parte de seus problemas (seu cativeiro) por serem incapazes de controlar a natureza emocional.

---

[*] Ver Capítulo "Os Quatro Cavaleiros do Apocalipse".

Mude sua vida

O rio Tigre simboliza o intelecto, ou o Cavalo Negro. E se dirige para a Assíria, que significa a força de vontade. E sabemos que o intelecto puro não possui nada exceto a força de vontade com a qual se expressa, e que essa força sempre nos desaponta no final.

O quarto rio, Eufrates, representa aqui o corpo ou a matéria, o Cavalo Amarelo. É digno de nota o fato de que o Eufrates tem constantemente alterado seu curso, mesmo durante os períodos históricos. Vários leitos diferentes* do Eufrates, formados durante os últimos dois mil anos, foram traçados pelos geólogos. A instabilidade da matéria é conhecida por todos os estudantes de metafísica e está subentendida nessa referência.

Observem que, dentro do Jardim do Éden, o rio é apenas um, e que só depois que sai do Paraíso é que ele se divide em quatro braços. Quando o Homem recobrar a sua percepção de que ele e Deus são um só, apenas sua consciência espiritual permanecerá, e as coisas inferiores terão desaparecido.

"Havendo, pois, o Senhor Deus formado da terra todos os animais do campo, e todas as aves dos céus, trouxe-os ao homem para ver como este lhes chamaria; e o nome que o homem desse a todos os seres viventes, esse seria o nome deles." (Gênesis 2,19.)

Sabemos que na Bíblia o nome de qualquer coisa significa a sua índole ou caráter, e aqui vemos que as próprias crenças e convicções de Adão levaram-no a marcar cada animal segundo determinada índole ou

---

* O Field Museum, em Chicago, possui um interessante mapa em relevo mostrando isso.

impressão e que, depois disso, o animal passou a portar a característica que lhe dizia respeito. Nós não somos afetados pela natureza real das coisas, mas sim pelo que *achamos* que seja a sua natureza real. Você tem de conviver não com as pessoas e coisas em si, na verdade, mas com a ideia que tem delas. Como já dissemos, em linguagem técnica, seu próprio conceito é o que você vê. Você não conhece o verdadeiro João; conhece apenas a sua ideia do João, que pode ou não ser razoavelmente correta. Isso se aplica de igual modo às coisas. Sabemos, por exemplo, que há pessoas que adoram o tempo bem frio. Isso as faz sentir-se bem, felizes, ao passo que outras se sentem mal quando a temperatura é muito baixa, e ficam mentalmente paralisadas. Também deve-se observar que nada pode nos afetar, a não ser que se apodere de nossas faculdades mentais. Um europeu no meio da África não é atingido por qualquer dano provocado por uma superstição local que quase mata um nativo de medo, porque não acredita nela. Claro, o homem branco tem muitas superstições próprias pelas quais é devidamente punido, e às quais o africano (que nunca ouviu falar nelas) é imune. É isso que significa o ditado de metafísica quando afirma que, se você mantém um pensamento afastado da sua mentalidade, ele não poderá afetá-lo. Porém, é preciso não esquecer que ele pode estar no seu subconsciente sem que você o saiba. Todos recebemos, na infância, muitas sugestões negativas de pessoas bem-intencionadas que diziam que devíamos evitar correntes de ar, ou que não podíamos digerir determinado alimento, ou que nossos pulmões eram muito delicados, e assim por diante.

Também é verdade que pensamentos bons, como, por exemplo, aqueles sobre o Amor Divino, a saúde, o êxito, não podem agir sobre nós se os mantivermos afastados de nossa mentalidade; e assim devemos desenvolvê-los com diligência pela oração e meditação diárias.

A doença não nos pode afetar se nossa mentalidade abrigar a crença forte na saúde. E, se não tivermos essa crença, nem todas as dietas e exercícios físicos do mundo poderão nos tornar saudáveis ou nos manter vivos.

Se alguém nos odeia, isso não nos afetará de maneira alguma, contanto que o ódio seja do outro, e não nosso. Mas, se houver ódio em nosso coração, isso poderá, de acordo com a intensidade, causar-nos um mal ilimitado. Se tivermos o que se costuma chamar de consciência de prosperidade, não poderemos experimentar a pobreza, não importa o que aconteça no mundo exterior. Todas as provisões de que necessitamos virão de *alguma parte*. E, se tivermos consciência de pobreza, a prosperidade não ficará conosco, não importa o que aconteça. É notório que as pessoas que ganham quantias vultosas por meio do jogo — seja na loteria ou quebrando a banca no cassino — perdem o dinheiro em pouco tempo, e não tiram dele qualquer felicidade ou bem permanente. No final, sempre expressamos a nossa consciência, e a única maneira de melhorar a situação é tornar a consciência melhor.

"Então o Senhor Deus fez cair pesado sono sobre o homem, e este adormeceu; tomou uma das suas costelas, e fechou o lugar com carne.

E a costela, que o Senhor Deus tomara ao homem, transformou-a numa mulher, e lha trouxe.

E disse o homem: Esta, afinal, é osso dos meus ossos e carne da minha carne; chamar-se-á varoa, porquanto do varão foi tomada." (Gênesis 2,21-23.)

"E deu o homem o nome de Eva a sua mulher, por ser a mãe de todos os seres humanos." (Gênesis 3,20.)

Um sono profundo caiu sobre Adão e não há menção na Bíblia de que ele tivesse acordado, e, na verdade, nossas vidas materiais são pouco mais que um sonho de limitação, medo e separação de Deus. "Desperta, ó tu que dormes, levanta-te de entre os mortos, e Cristo te iluminará."[*]

Nunca é demais enfatizar que o corpo e a mente são uma só coisa — na verdade, o corpo é apenas a corporificação ou a representação da mente. Muitos filósofos se referiram ao corpo como uma veste que a alma põe, ou um veículo no qual ela viaja, ou um vaso que a contém, como um jarro pode conter água, mas tais símiles são de todo falsos. O corpo não é nenhuma veste ou veículo independente. É a verdadeira imagem da alma ou mentalidade. O corpo, se preferem, é uma sombra projetada pela mente, copiando-a em cada detalhe. Adão sente, intuitivamente, que ele e a mulher são um só, e chama-a de Eva porque é a mãe de tudo o que existe — a única criadora é a mente.

"Por isso deixa o homem pai e mãe, e se une à sua mulher, tornando-se os dois uma só carne." (Gênesis 2,24.)

Na Bíblia, os pais de alguém significam, em geral, o próprio passado desse alguém, pois é crença comum que nossas atuais condições são causadas por acontecimentos passados e que, nesse sentido, o ontem é o pai do hoje. Quando Jesus disse ao homem que não voltasse para enterrar o pai, é claro que não estava sugerindo que os deveres e

---

[*] Efésios 5,14.

as decências da vida fossem negligenciados. Queria dizer que o homem devia parar de pensar que estava limitado por erros passados. É provável que o homem em questão estivesse sofrendo por conta de algum remorso ou ressentimento relacionado com seu passado e, consequentemente, estivesse impedindo a si mesmo de entrar no Reino. A lição que vemos aqui é que o único pensamento com que temos de lidar é o de agora, e que, se curarmos isso, teremos harmonia. Pois o ontem não tem poder sobre o hoje, exceto se acharmos que sim.

A experiência de hoje só é causada pelos pensamentos e pelas crenças de hoje, e não pelos pensamentos, acontecimentos ou condições de ontem — a despeito das aparências.

Você não é, em absoluto, cativo do ontem. Qualquer cativeiro hoje provém apenas dos pensamentos aprisionadores de hoje. Modifique esses pensamentos e suas condições devem mudar de maneira correspondente, pois Adão e Eva são um só.

Assim como Adão representa o ser humano enganado pela serpente, Jesus representa o poder de Cristo, que é a compreensão da Verdade que acaba por libertar Adão. Quando sofremos de uma crença falsa, é o reconhecimento da Verdade que nos liberta. Se imaginasse que estava sofrendo de uma doença séria, decerto você experimentaria todo medo e toda preocupação decorrentes dessa condição; porém, se alguém em cujo julgamento confiasse — digamos, um médico renomado — lhe dissesse que você estava enganado, e não doente, todo o seu medo e preocupação desapareceriam de imediato. Observe que o médico não curou a doença; não poderia tê-la curado, pois você não sofria dela; porém, curou-o de uma crença falsa. A Verdade de Cristo faz isso.

"Mas de fato Cristo ressuscitou dentre os mortos, sendo ele as primícias dos que dormem.

Visto que a morte veio por um homem, também por um homem veio a ressurreição dos mortos.

PORQUE, ASSIM COMO EM ADÃO TODOS MORREM, ASSIM TAMBÉM TODOS SERÃO VIVIFICADOS EM CRISTO.

Cada um, porém, por sua própria ordem: Cristo, as primícias; depois os que são de Cristo, na sua vinda.

E então virá o fim, quando ele entregar o reino ao Deus e Pai, quando houver destruído todo principado, bem como toda potestade e poder.

Porque convém que ele reine até que haja posto todos os inimigos debaixo dos seus pés.

O último inimigo a ser destruído é a morte." (Coríntios I, 15,20-26.)

Agora você entende que não é um corpo físico, mas uma mentalidade, e que, como tal, tem determinadas crenças e certa quantidade de compreensão, e que o que faz é constituir-se no resultado líquido de todas essas crenças e dessa compreensão, resultado que se apresenta como o seu corpo, seu meio ambiente e, na realidade, toda a sua experiência. Com o passar do tempo, sua mentalidade se aperfeiçoa ou piora consoante sua maneira de pensar, e a imagem exterior de sua vida se modifica em conformidade com ela.

Só a prece, o poder de Cristo, pode modificar a situação para melhor, porque nada mais pode, de fato, modificar você. Enquanto continuar sendo a pessoa que é, deverá ter o mesmo tipo de vida que tem agora. Porém, tão logo se modifique, ter-se-á tornado uma pessoa

Mude sua vida

diferente e assim as suas condições também se modificarão. Isso é renascer. Isso é a elevação do poder de Cristo. E, se Cristo não for elevado, então toda a nossa atividade será vã. Porém, quando o poder de Cristo é elevado, supera gradativamente todos os obstáculos, destruindo toda dominação, autoridade e todo poder da crença na separação. Por fim, quando o último vestígio da crença na limitação tiver desaparecido, a morte será superada também, e você será uma coluna no templo de Deus, de onde jamais precisará sair.[*]

Adão e Eva expulsaram a si mesmos do Paraíso pela aceitação do medo e da dúvida, mas Cristo reabre o portão oriental e os faz voltar.

---

[*] Apocalipse 3,12.

A Torre de Babel

Mesmo aquele que tem o mais leve conhecimento da Bíblia sabe a história da Torre de Babel.* Ela é tão simples, concreta e clara que, se você a tivesse ouvido uma só vez em seu tempo de criança, jamais a esqueceria. Aqui não há sutilezas. Nenhuma doutrina obscura, como em algumas das Epístolas; apenas uma narrativa clara e curta, mas de significado transcendental.

Trata-se, é claro, de uma parábola. A palavra "Babel" quer dizer confusão e, para resumir, essa parábola ensina que, quando negamos a onipotência de Deus, e fazemos isso sempre que damos poder a outra coisa qualquer — à matéria, ao clima, ao medo, e assim por diante —, as consequências são confusão e dificuldades. Ser culpado de tal erro ou pecado significa, na verdade, ter muitos deuses, e esse era o defeito característico dos pagãos. Tão logo perdemos a unidade de Deus, nós O perdemos em nosso coração. Aqueles que conheciam a verdade acerca de Deus prestavam-Lhe adoração, e só a Ele, e rece-

---
*Gênesis 11,1-9.

biam a proteção e a inspiração que apenas a Verdade pode dar e, enquanto fossem fiéis à mesma, tudo correria bem para eles. Às vezes, porém, muitos daqueles que conheceram a Verdade esqueciam-na por algum tempo e, como era inevitável, as coisas começavam a andar erradas. No entanto, se eles se lembrassem de novo do Deus único e se voltassem integralmente a Ele, as coisas voltariam a dar certo. "Não tereis outro Deus que não Eu."

Se você que lê estas palavras estiver passando por dificuldades de qualquer tipo, sem dúvida esteve cometendo (sem intenção, é claro) o pecado dos pagãos de alguma forma, talvez de várias formas — não colocou de fato Deus em primeiro lugar em sua vida, esteve dando poder a alguma condição externa, por temê-la. Pode ser que, a certa altura, você tenha visto o superior e, deliberadamente, escolhido o inferior. Mas, seja como for, a explicação é a mesma. Agora, se você tornar a voltar-se para Deus de todo o coração e reafirmar a sua fé Nele, tudo ficará bem outra vez.

A história começa dizendo: *Ora, em toda a Terra havia apenas uma linguagem e uma só maneira de falar.* Ou seja, havia unidade de pensamento e expressão. Isso representa a época em que nossa fé era firme e dinâmica. Depois permitimos que nosso pensamento se afastasse um tanto da Verdade. Tecnicamente, permitimos a queda de nossa consciência. Expressando isso, o segundo versículo declara: *Sucedeu que, partindo eles do oriente, deram com uma planície na terra de Sinear; e habitaram ali.*

A planície sempre significa medo, dúvida e qualquer tipo de pensamento negativo em contraste com a colina ou a montanha que re-

Mude sua vida

presenta a prece ou o pensamento espiritual. Aquelas pessoas permitiram que seus pensamentos caíssem a um nível baixo de egoísmo e medo, e a Bíblia menciona que o fato não foi um lapso momentâneo, mas que eles *habitaram* a planície (ou estado de espírito). Como a palavra "Babel", a palavra "Sinear" também significa confusão. É muito interessante o fato de que, em sua maioria, os nomes da Bíblia — personativos ou geográficos — tenham um sentido interior que se encontra por trás do texto.

Quando se diz que eles *habitaram* Sinear, deseja-se enfatizar o fato de que não se trata de um pensamento negativo ocasional que prejudica: o pensamento ou a crença falsa que frequentemente nutrimos é o que causa as nossas dificuldades.

Pensamentos errôneos habituais e crenças falsas de longa data não apenas produzem o medo, mas criam uma convicção, tanto consciente quando subconsciente, de que *temos de confiar em nós mesmos*. Claro, nada pode ser mais desanimador do que tal ideia, a qual, por sua vez, produz mais medo, e assim por diante. Nesse estado, pensamos cada vez menos em Deus e, em geral, fazemos desesperados, embora desesperançados, esforços para ter força de vontade.

Na parábola, aquelas pessoas tiveram a ideia absurda de que podiam chegar ao Céu (recobrar a harmonia) construindo uma torre material que iria da Terra ao firmamento, onde supunham encontrar-se o Céu. Naturalmente, uma pessoa só chega ao Céu em seu coração, por meio da oração e do pensamento reto. Não existe uma estrada externa para o céu, mas aquelas pessoas estavam tão aterrorizadas que tinham medo de *ser espalhadas por toda a face da Terra*.

Isso descreve com perfeição o sentimento de insegurança e apreensão que sempre assediou a maior parte da humanidade, porque esta não conhecia nem parcialmente se dava conta da Onipresença e Onipotência de Deus e da sua unidade essencial com Ele. Jesus não falou que se devia construir uma torre material até os céus. Disse que devíamos entrar na câmara secreta do próprio coração, fechar a porta e perceber a Presença de Deus.

É fácil para nós vermos que aquelas pessoas estavam agindo de maneira absurda e vã, mas será que nós mesmos não fizemos virtualmente o mesmo, muitas e muitas vezes? E, depois de termos estudado esta parábola, devemos nos decidir a evitar esse erro no futuro o máximo possível.

Um importante ponto a ser notado é que aquelas pessoas decidiram fazer a sua torre de tijolos. Na Bíblia, certos materiais são considerados nobres; outros, inferiores. Entre as pedras, o mármore é o nobre e o tijolo, o inferior. E assim, é claro, elas construíram a torre de tijolos. Deve-se observar que o tijolo em si é um produto artificial, feito de barro (terra argilosa), ao passo que o mármore não é feito pelo homem. Além disso, em vez de argamassa de verdade, usaram uma espécie de limo do qual não se podia esperar um poder de ligação tal que mantivesse a torre erguida por muito tempo. Está claro que tudo isso é apenas simbólico e não significa, nem por um momento, que não devamos usar tijolos na construção de nossas casas ou torres materiais.

A parábola diz também que um dos objetivos do povo ao edificar a Torre de Babel era fazer um *nome* para si. Na Bíblia, o nome de qualquer coisa significa a sua natureza, e, nesse sentido, nosso "nome"

Mude sua vida

deve vir de Deus, pois só Ele pode modificar a natureza ou o caráter de alguém para melhor. *Dar-lhe-ei uma pedra branca, na qual está escrito um nome novo.**

Depois disso, a narrativa segue dizendo que o Senhor ficou zangado, espalhou o povo por toda a face da Terra e misturou a sua linguagem para que uns não pudessem entender o que os outros falavam. Nesse sentido, a palavra "Senhor" quer dizer lei, ou melhor, o que o povo acreditava ser a lei. Não se refere a Deus. Aquilo em que acreditamos é que governa nossa vida. Podemos fazer, e todos nós fazemos, leis limitantes para nós mesmos, e depois temos de viver sob o seu jugo. *Porém, o Senhor endureceu o coração do Faraó.*** O texto não quer dizer que Deus endureceu o coração do Faraó, pois esta não é a natureza Dele. Quer dizer que o Faraó endureceu o próprio coração, dizendo a si mesmo que estava fazendo a vontade de Deus. Muita gente, ao longo da história, tem agido assim, infligindo crueldade e injustiça aos outros e aliviando a consciência ao dizer que era a vontade de Deus.

A confusão de línguas é uma descrição explícita do estado de espírito daqueles que ainda não começaram a centralizar sua vida em Deus, pois só o medo e o caos lhes podem advir até o momento em que o façam.

Não desperdice seu tempo e sua energia construindo torres de Babel. Elas desabarão em pouco tempo e o deixarão em pior estado do que antes. As torres de Babel são edificadas de baixo para cima, e com

---

*Apocalipse 2,17.
**Êxodo 9,12.

grande esforço, primeiro na confecção dos próprios tijolos, depois na lenta colocação de uns sobre os outros. A verdadeira edificação ou cidade, a nova Jerusalém, não é construída de baixo para cima, com esforço, mas desce direto do céu, completa e perfeita, o presente do Próprio Deus.* Em outras palavras, ela surge como resultado de nossas preces, e de nossa fé na bondade de Deus e de Sua infalível providência, e a nova Jerusalém traz consigo harmonia, paz, sucesso duradouro e grande alegria.

---

* Apocalipse 21,22.

Deus, o libertador
(Salmo 18)

Todos sabem que, hoje, o maior inimigo do homem é o medo. Se, no tocante a qualquer perigo, você se livrar realmente do medo, este não terá poder para feri-lo. Não é um lugar-comum dizer: "Não há nada a temer, exceto o medo."

Esse salmo maravilhoso é uma oração ou um tratamento muito poderoso contra o medo. Se você tem medo de algo, leia esse salmo — ou parte dele — cuidadosa e atentamente, dando-se conta do significado espiritual de cada versículo, e muito breve o seu medo começará a diminuir, e por fim desaparecerá.

A vantagem de uma prece (ou tratamento) escrita como esta é o fato de ela fazer com que tenhamos certos pensamentos poderosos que curam, e, como sabemos, é o pensamento reto que faz a demonstração. Claro, não é o salmo em si, mas a mudança que ele provoca em nosso modo de pensar, que faz o trabalho.

O salmo abre, nos três primeiros versículos, com uma afirmação de fé em Deus. Comece sempre cada oração pensando em Deus, mesmo que por um momento, e afirmando a sua fé e confiança n'Ele.

O Versículo 1 diz: *Eu Te amo, ó Senhor, força minha.* Ao ler tais palavras, você está afirmando que vai amar a Deus. O medo sempre significa que temos fé e amor insuficientes por Deus... caso contrário, por que temer?

Então você prossegue dizendo que Deus é sua rocha, sua fortaleza e seu *libertador,* que Ele é a sua força e seu sustentáculo e que vai confiar Nele. A seguir, você pensa n'Ele como a trombeta da sua salvação e a sua torre alta. Na Bíblia, a trombeta simboliza o poder, e uma torre alta, claro, é um lugar seguro e significa uma elevada consciência que o medo, "um terrícola", não pode alcançá-lo, e você afirma que será salvo dos perigos que teme.

Às vezes, o seu medo se evaporará a essa altura ou após qualquer prece curta, mas não é sempre isso que acontece. Se existe uma boa quantidade de medo, é provável que passe algum tempo até que ele seja vencido. Porém, se você se apegar à sua fé em Deus, será apenas uma questão de tempo até que se sinta livre e, portanto, seguro.

Nesse ponto, o autor do salmo, pensando numa de suas próprias experiências, diz que as penas do inferno circundavam-no e as cadeias da morte (grande medo) o tolhiam, e que ele "invocou a Deus" — continuou orando — e que Ele veio em seu auxílio.

Continua descrevendo como tudo mudou para melhor como resultado da sua prece, como a ação de Deus transformou a situação de perigo em perfeita segurança. Essa descrição é um belíssimo poema em si mesmo. Consiste em diversas figuras e símbolos explícitos, no estilo familiar da Bíblia.

Mude sua vida

Continua o salmista dizendo que a terra se moveu e tremeu e que as próprias colinas se mexeram porque Deus estava irado. Naturalmente, a "terra" significa o nosso meio ambiente, o nosso corpo e todas as condições externas que constituem a nossa experiência de vida no momento. Assim, o tremor e a movimentação dessas coisas significam que todas as suas condições são modificadas para melhor, é claro. A "ira" de Deus, na Bíblia, sempre quer dizer a *atividade* de Deus. Não significa raiva.

8. *Das Suas narinas, subiu fumaça, e fogo devorador de Sua boca; d'Ele, saíram brasas ardentes.*

9. *Baixou Ele os céus e desceu, e teve sob os pés densa escuridão.*

10. *Cavalgava um querubim, e voou; sim, levado velozmente nas asas do vento.*

11. *Das trevas, fez um manto em que se ocultou; escuridão de águas e espessas nuvens dos céus eram o Seu pavilhão.*

12. *Do resplendor que diante Dele havia, as densas nuvens se desfizeram em granizo e brasas chamejantes.*

13. *Trovejou, então, o Senhor, nos céus; o Altíssimo levantou a Sua voz, e houve granizo e brasas de fogo.*

14. *Despediu as Suas setas e espalhou os meus inimigos, multiplicou os Seus raios, e os desbaratou.*

15. *Então se viu o leito das águas, e se descobriram os fundamentos do mundo, pela Tua repreensão, Senhor, pelo iroso resfolegar das Tuas narinas.*

O Versículo 16 resume a experiência com bela simplicidade: *Do alto me estendeu Ele a mão e me tomou; tirou-me das muitas águas.*

O autor continua dizendo que Deus o livrou de *forte inimigo e dos que me aborreciam, pois eram mais poderosos do que eu*. Naturalmente, os inimigos e aqueles que o aborreciam eram seus próprios medos e suas dúvidas, e isso é verdadeiro para todos nós.

O Versículo 19 diz: *Trouxe-me para um lugar espaçoso*. Não é um pensamento maravilhoso este de que Deus nos traz para um lugar espaçoso? Não expressa dramaticamente a sensação de ser solto de uma cela e trazido para o ar livre e a liberdade? A seguir diz: *Livrou-me, porque Ele se agradou de mim*. Deus sempre se agrada de seus filhos, e esse versículo significa de fato que, ao ser libertado da cela do medo, o salmista estava começando a sentir o encanto que a paz de espírito naturalmente traz.

Então o autor diz que Deus o recompensou segundo a sua "justiça". Na Bíblia, essa palavra sempre quer dizer o modo certo de pensar.

E agora vem uma declaração muito significativa: *Recompensou-me conforme a limpeza das minhas mãos*. Isso se refere à conduta certa ou ao modo certo de viver. A mão sempre simboliza atividade, pois representa o poder executivo do homem. Ter mãos limpas quer dizer que o indivíduo sempre tentou levar uma vida cristã. Nunca devemos nos esquecer de que nossas preces terão pouco poder se não estivermos tentando, com sinceridade, viver da melhor maneira que pudermos. Se não estivermos tentando viver a vida, isso será uma prova de que não acreditamos em nossas preces, ainda que pensemos que sim, pois SEMPRE FAZEMOS AQUILO EM QUE ACREDITAMOS. É uma autoilusão do pior tipo pensar que "acredito em tal coisa, embora saiba que nem sempre a faço". Se acreditar nela, você a fará.

Mude sua vida

Em seguida, encontramos uma das mais profundas afirmações da lei espiritual que aparecem em toda a Bíblia: *Para com o benigno, benigno te mostras; com o íntegro, também íntegro. Com o puro, puro te mostras; com o perverso, inflexível.* (Versículos 25 e 26.)

Esse é um enunciado conciso e poderoso da lei que diz que colheremos literalmente aquilo que semearmos. Se formos misericordiosos com os outros, receberemos misericórdia do universo, e se formos sinceros e honestos, o mundo será sincero e honesto conosco. Os puros de mente (e, na Bíblia, a palavra "puro" quer dizer não apenas a pureza física, mas lealdade a Deus em todas as fases da vida da pessoa) serão recompensados com paz e harmonia de modo que nada poderá perturbar. Por outro lado, os inescrupulosos de qualquer espécie colherão sofrimentos e desgraça.

É claro que o único lugar em que você pode ser misericordioso, íntegro, puro ou inescrupuloso é dentro de seu próprio coração, ou na sua consciência. Porque é aí que você ascende ou cai, e suas palavras e seus atos são apenas a expressão externa do que existe em seu coração.

É evidente que estes versículos não querem dizer de modo textual que Deus envia essas coisas. Elas são o resultado automático da lei natural. Deus, em sua infinita sabedoria, fez as leis do universo e deixou que elas se resolvessem por si mesmas. Ele não está o tempo todo interferindo em cada transação individual, como parecem pensar as pessoas simplórias. Se assim fosse, não haveria lei, e Deus não seria o Princípio.

A esses pensamentos, o autor acrescenta um lembrete de que o orgulho espiritual conduz à queda, mas que a verdadeira humildade e o arrependimento sempre trazem o perdão. Releia a parábola do Publicano e do Fariseu.*

Agora, o salmista passa a outra fase da doutrina. Faz o leitor dizer ou pensar: *Porque fazes resplandecer a minha lâmpada; o Senhor, meu Deus, derrama luz nas minhas trevas.*

Os mestres religiosos ofereceram muitos símiles para ilustrar o relacionamento entre Deus e o homem. Um dos melhores e mais úteis é imaginar o homem como uma fagulha saída de uma imensa fogueira, que é Deus. A fagulha não é o todo do fogo, mas parte dele, e, por conseguinte, da mesma natureza, e possui, em potencial, todas as características do fogo original. Pode incendiar muitas coisas sobre as quais venha a cair, produzindo, dessa maneira, outro fogo que, em essência, é da mesma natureza do fogo original, que cresce cada vez mais, em especial se for estimulado por uma brisa. Isso ilustra o crescimento de nossa alma, e a brisa que faz com que ela se agigante com rapidez é a prece.

O crescimento espiritual nos dará grande poder para superarmos as dificuldades e avançarmos na trilha. E o salmista, pensando nas vezes em que isso lhe deve ter acontecido no passado, diz: *Pois contigo desbarato exércitos, com o meu Deus salto muralhas.* Ele quer dizer que era como um só homem, que ele foi capaz de desbaratar exércitos cujos soldados não o puderam conter. Diz também que isso o ajudou a saltar muralhas bem altas, é claro; caso contrário, nem valeria a pena o registro. Cada um de nós, numa ou noutra época de nossa vida, teve de enfrentar dificuldades que se assemelhavam a muralhas altas e in-

---

*Lucas 18,10-14.

transponíveis, mas a fé em Deus habilita-nos a vencer, apesar de tudo, nossos obstáculos.

Em seguida, ele nos lembra que os caminhos de Deus são perfeitos. A oração jamais nos acarreta dificuldades. Faz apenas o bem. Pode apenas melhorar qualquer situação, e não existe nenhum Deus exceto o único Deus. Quando confiamos em nossos próprios esforços ou em qualquer coisa que não seja Deus, o "rochedo", estamos perdendo tempo. O salmista prossegue dizendo que Deus nos dará forças e tornará nosso caminho perfeito. Isso quer dizer que nossas diversas falhas e fraquezas não nos poderão tolher enquanto estivermos tentando, sinceramente, livrar-nos delas.

Diz, no estilo pitoresco da Bíblia, que Ele tornará nossos pés como *pés de gazela*, o que indica grande velocidade, ou respostas rápidas à oração.

Diz, em seguida, que Ele nos colocará em nossas alturas. Em outras palavras, Ele elevará a nossa consciência a fim de que, automaticamente, possamos demonstrar. Ensinar-nos-á a rezar de modo ainda melhor do que vimos fazendo (*adestrará nossas mãos para o combate*). Ele nos protegerá de todo o mal, e Sua mão direita nos sustentará. Quando oramos, Deus sempre age de modo gentil e bondoso e para o bem de todos os interessados — ... *Tua bondade me engrandeceu.*

A seção seguinte (Versículos 37 a 43), na linguagem habitual da Bíblia, ilustra de forma explícita as demonstrações ou vitórias que nossas preces nos trouxeram. Volta a mencionar inimigos que são derrotados e destruídos e, como sempre, são nossas próprias dúvidas, nossos medos, defeitos etc.

Na seção imediatamente posterior, fala-se do domínio que conseguiremos sobre a nossa própria mentalidade. Os "estranhos" são os nossos defeitos e nossas fraquezas mais importantes, porque, embora bastante familiares para nós, na maioria dos casos são estranhos ao nosso eu verdadeiro e, sem dúvida, *desaparecerão*.

Depois, o autor louva o Senhor e Lhe agradece por Sua Bondade. É provável que você saiba que dar graças é uma das formas mais poderosas de oração.

Por fim, ele diz que Deus dá *grandes vitórias ao Seu rei e que usa de benignidade para com o Seu ungido, com Davi e sua posteridade para sempre.* Você é o rei Dele. Deus quer que todos sejamos reis por meio do exercício do poder espiritual. Davi, na Bíblia, significa Amor Divino e, quanto mais amor tivermos em nosso coração, mais poder terão nossas preces. A posteridade de Davi são nossas demonstrações, e elas continuarão crescendo por toda a eternidade.

*O Zodíaco e a Bíblia**

Recentemente, voltou-se a falar que é chegado o fim do mundo. Mais uma vez, estão sendo escritos artigos nos jornais e realizadas reuniões públicas, tanto nos Estados Unidos quanto na Grã-Bretanha, onde são feitas declarações mais ou menos sensacionais no sentido de que o fim do mundo deve chegar agora, e pode ser esperado a qualquer momento. Desde a deflagração da Primeira Guerra Mundial, em 1914, os profetas têm estado ocupados nesse sentido de maneira excepcional, e houve várias ocasiões em que grupos de pessoas chegaram a ficar acordados a noite toda à espera do fim.

Bem, diz o velho ditado que não há fumaça sem fogo, o que é provado no presente caso, pois, por trás de toda essa especulação e discussão, sem dúvida há uma grande verdade, e neste capítulo me proponho a explicar exatamente do que se trata.

---

*Essência de uma conferência proferida por Emmet Fox no Victoria Hall, em Londres, 6 de setembro de 1933. Os leitores observarão que a presente reedição foi publicada pela primeira vez na primavera de 1938, quase cinco anos depois, e que algumas das mudanças mundiais nela vaticinadas já ocorreram.

O fato concreto é que, embora não seja verdade que o fim do mundo no sentido comum da expressão esteja prestes a chegar, nós nos encontramos, de fato, no limiar de uma nova era. Uma era já se passou, outra está começando a existir, e é essa tremenda mudança no desenvolvimento da raça humana que todo tipo de gente está pressentindo. Em outras palavras, a humanidade está agora entrando numa nova era da história, e isso quer dizer que a maioria das velhas ideias com que todos fomos criados ficou em definitivo fora de moda, e que devemos nos adaptar a uma visão de vida nova. Uma visão completamente nova, entenda-se bem — não uma simples recomposição de velhas ideias num padrão novo, tal como a transformação de uma monarquia em república ou vice-versa, a desoficialização de uma igreja e a oficialização de outra rival, a troca do rei Fulano pelo rei Beltrano, ou coisa parecida. Tal visão significa uma alteração completa de todos os nossos valores fundamentais, uma maneira totalmente nova de encarar os problemas humanos — na realidade, uma nova era.

Muitas pessoas hoje olham ao seu redor com uma sensação de temor ante o que veem no mundo. Velhos marcos como o Império Austríaco, o Império Czarista, o Império Hohenzollern e o Império Turco foram abolidos num curto período de quatro anos. O antigo Império Chinês no Oriente e a Monarquia Espanhola no Ocidente também desapareceram. O maior boom material nos registros da História foi seguido pela maior depressão. O diretor do Banco da Inglaterra declarou publicamente que, após meses de investigação, não entende as causas da depressão, e que não pode oferecer remédio para ela. Outrora, as igrejas ortodoxas mal se ajustavam à demanda de uma popu-

Mude sua vida

lação menor, e agora os clérigos se queixam dos bancos vazios com que se defrontam domingo após domingo. E a razão disso está no fato de que as antigas sanções teológicas, que no passado tanto significavam, não são mais levadas a sério pela grande massa do povo. Na verdade, é frequente dizer-se com amargura que nada mais é como antes: tudo mudou. O general Smuts disse, há um ou dois anos, que "a humanidade levantou acampamento de novo, e está mais uma vez em marcha".

Tudo isso é perfeitamente correto, mas, tão logo tenhamos a chave para a mola mestra da história humana, não mais nos surpreenderemos ou entristeceremos com essas ocorrências. Apesar do que nos possam trazer os anos vindouros — e, sem sombra de dúvida, eles nos trarão coisas muito surpreendentes —, não ficaremos alarmados ou aflitos se nos dermos conta do que de fato está acontecendo.

A história da humanidade não acontece de maneira desregrada ou casual, mas pelo desdobramento de certo número de diferentes períodos ou eras. Cada um desses períodos tem características próprias, lições a serem aprendidas, trabalho a ser feito; e cada um deles é fundamentalmente diferente, em todos os aspectos, de seu antecessor, e não um mero aperfeiçoamento ou expansão desse. Cada uma dessas eras dura em torno de dois mil anos. Para sermos mais precisos, cada uma tem, em geral, 2.150 anos de duração, e a passagem de uma era para outra é sempre acompanhada de uma fermentação externa e interna de ideias, como a que o mundo há pouco andou atravessando. A última mudança ocorreu cerca de dois mil anos atrás e o novo mundo que se formou daquele cadinho foi a civilização ocidental cristã que conhecemos. Depois de se ter realizado e tendo já cumprido sua missão, esse grande empreendimento chega agora a seu término, e já nos deparamos com a nova era.

Para que se entendam as idas e vindas dessas diferentes eras, é necessário estar familiarizado com o fenômeno natural conhecido como a Precessão dos Equinócios. Não é preciso que um estudante tenha um conhecimento geral de astronomia. Basta saber que, ao olharmos daqui do globo terrestre para a imensurável multidão de estrelas que nos cerca, o eixo da Terra parece traçar um imenso círculo nos céus a mais ou menos cada 26 anos. Esse círculo imenso, conhecido como o Zodíaco, se divide em 12 partes ou setores, e cada parte, ou "Signo", como lhe chamavam os antigos, marca a passagem do tempo que levamos para percorrer uma de nossas "Eras".

O Zodíaco é um dos símbolos mais interessantes que revelam o destino da humanidade. Na verdade, o Zodíaco, com seus 12 signos, simboliza a coisa mais fundamental na natureza do homem. É nada menos que a chave para a história da Raça Humana, da psicologia do homem individual e da sua regeneração ou salvação espiritual. A Bíblia — a grande fonte da Verdade — é percorrida pelo Zodíaco do começo ao fim. Os 12 filhos de Jacó, que se tornaram as 12 tribos do Antigo Testamento, e os 12 Apóstolos do Novo Testamento são, além da sua identidade histórica, expressões especiais dos 12 signos do Zodíaco. A disposição das 12 Tribos de Israel em estrita ordem astronômica no grande acampamento do deserto é um exemplo destacado desse simbolismo zodiacal, que o leitor poderá verificar por si mesmo.

Mude sua vida

O conhecimento dessa coisa misteriosa, o Zodíaco, encontra-se por todo o mundo, entre todas as raças e em todas as épocas. Escavações feitas entre as mais antigas ruínas da Ásia revelaram representações do Zodíaco. Tanto os primeiros egípcios quanto os posteriores compreenderam-no bem. Os caldeus eram mestres no assunto. E o Zodíaco estava gravado nos templos da Grécia e de Roma. Os aborígines americanos do México e do Peru estavam bem familiarizados com ele. A seu respeito, já falam os mais antigos registros chineses; e, de modo inesperado, ele apareceu em ilhas esquecidas do Pacífico. Pitágoras, naturalmente, ensinava-o na Antiguidade; e ele foi incluído na construção de mais de uma das catedrais medievais. O Grande Círculo em Stonehenge é, na realidade, um tipo de representação do Zodíaco; e os 12 Signos, belamente executados, fazem parte da rebuscada ornamentação de vários dos arranha-céus mais altos e modernos de uma grande metrópole, como Nova York.

Agora, qual o verdadeiro significado do Zodíaco, que, de modo tão universal, permeia toda a cultura humana? É curioso e muito interessante o fato de que os homens empreguem de maneira constante — e assim perpetuem — símbolos de cujo significado real eles não estão conscientemente a par. Dessa forma, muitas vezes as verdades mais profundas são veneradas naquilo que parece ser uma simples ornamentação.

De modo geral, o Zodíaco tem sido ignorado ou tratado como se fosse mera decoração pitoresca, ou pior, degradado por meio da superstição e da quiromancia. Portanto, é preciso que nos façamos a seguinte pergunta: Qual o verdadeiro significado do Zodíaco? E, para poder respondê-la, temos de fazer outras: Qual a verdadeira razão para a permanência da humanidade na Terra? Para que estamos aqui? Do que se trata, afinal? Por que nascemos e por que morremos? Existe um motivo ou padrão por trás disso tudo? E, se existe, o que é? E a resposta a todas essas perguntas, sem dúvida as mais fundamentais de todas, é a que se segue: Estamos aqui para aprender a Verdade da Existência. Estamos aqui para nos tornar entidades conscientes de si mesmas, que governam a si mesmas, pontos focais da Mente Divina, cada qual expressando Deus de maneira nova. Esse é o objetivo de nossa existência, e a única coisa que temos a fazer para realizá-lo é conhecer melhor a Deus, porque tal conhecimento constitui a resposta a cada problema. Toda dificuldade, pecado, doença, pobreza, acidentes e a própria morte se devem apenas a uma carência de conhecimento de Deus, e, de modo inverso, toda saúde, todo êxito, toda prosperidade, beleza, alegria e felicidade consistem em obter tal conhecimento de Deus. Quando estamos em qualquer espécie de dificuldades, isso significa dizer que, por ora, o nosso conhecimento de Deus é inadequado. E a recuperação significa que nosso conhecimento de Deus se tornou mais claro.

Naturalmente, alguns indivíduos progridem bem mais depressa que a maioria. Esses são os líderes e mestres da raça. A maior parte da humanidade, porém, cresce com constância, ainda que possa parecer, de modo um pouco lento, no seu conhecimento de Deus. Essa é a realidade que se acha por trás do que chamamos de progresso ou evolução. A passagem da selvageria para a barbárie e desta para a civilização é, na realidade, o crescimento no conhecimento de Deus. Todas as coisas que vemos como progresso científico, artístico ou social, coisas tão diversas quanto a difusão da higiene, a educação universal e compulsória, a abolição da escravatura e a emancipação das mulheres: tudo isso não passa da expressão externa do crescimento da humanidade no seu verdadeiro conhecimento de Deus.

Para poder adquirir a compreensão total do que é Deus, essa compreensão total que será a sua salvação completa, o Homem tem de aprender, aos poucos, a conhecer a Deus de 12 diferentes maneiras. Ele leva uns dois mil anos para aprender cada uma dessas lições, e nós também poderemos, se quisermos, pensar em nosso progresso pelo Zodíaco como uma série de 12 lições que temos de aprender sobre Deus. Nós terminamos agora a nossa mais recente lição e já começamos o estudo de uma nova.

Cada uma dessas lições tem um nome que lhe foi dado por conveniência. Tudo precisa ter um nome, mas, como muitos de nós sabemos, os nomes, quando compreendidos corretamente, revelam-se muitas vezes símbolos daquilo que representam, e as nossas lições, ou "Signos", não são exceção à regra. O nome do último signo, o que acabamos de deixar, foi Peixes. O anterior a este, que deixamos há mais de dois mil anos, foi Áries, ou Carneiro. O anterior a este foi Touro, e assim por diante. Note que esses nomes não se referem em absoluto à forma física das constelações vistas no céu — muito esforço foi despendido na tentativa de traçar semelhança longínqua com um leão, touro ou centauro, quando não há a mais leve base para isso; eles se referem ao caráter nato da lição que temos de aprender naquela hora determinada que é indicada pelo Signo.

A nova era na qual acabamos de entrar é chamada Aquário — e a era aquariana será um capítulo completamente novo na história da humanidade. O estudante deve ser muito bem esclarecido a esse respeito. Uma nova era significa tudo novo, e não um mero aperfeiçoamento das velhas ideias piscianas que a maioria das pessoas erroneamente encara como as únicas possíveis — a única ordem natural e estabelecida das coisas —, em vez de ser apenas uma de um infinito número de expressões possíveis.

Para falar a verdade, estamos caminhando para, num futuro não muito distante, mudar tudo no mundo que nos cerca. Nossas instituições políticas, sociais e eclesiásticas, nossos métodos de fazer nosso trabalho diário, nossas relações uns com os outros, os inúmeros instrumentos de autoexpressão e autodescoberta — tudo isso sofrerá uma mudança radical, e para melhor. Algumas dessas mudanças já ocorreram, mas as grandes ainda estão por vir.

Bem, no tocante a essas mudanças, será a atitude que o indivíduo adotar em relação a elas que determinará a reação delas sobre ele. Se tomarmos uma atitude de resistência a essas mudanças naturais, se, digamos assim, nós as antagonizarmos em nossa consciência, se pressupusermos que a modificação será ruim — o que é apenas um meio diferente de dizer que todas as nossas condições atuais são perfeitas e não precisam de melhorias —, então teremos uma sensação de conflito, de derrota, de perda. Continuaremos dizendo "o país está à beira do abismo", falando com tola nostalgia sobre "os bons tempos" (que jamais existiram) e, na verdade, assumiremos a atitude cediça do obscurantismo e da reação. Nossa alma se tornará — como se disse de

Mude sua vida

determinada universidade — "um abrigo de causas perdidas e credos mortos". E tudo isso significará, pelo menos durante algum tempo, derrota, fracasso e desperdício.

Se, por outro lado, conhecermos a Verdade e a praticarmos, seguiremos avante na grande marcha da humanidade, aprendendo a nova lição, rejubilando-nos com o novo trabalho e triunfando em seus triunfos. Se, em vez de procurarmos nos apegar aos destroços das coisas ultrapassadas, estivermos preparados para marchar de peito aberto e, como foi dito com muita habilidade, "saudar com vivas o desconhecido", então seremos realmente servos leais de Deus e dos outros homens. O resumo de toda a sabedoria é também a receita fundamental para a felicidade: "Coloque seu coração em Deus e não nas coisas, na Causa e não nas manifestações, no Princípio e não na forma." À medida que os antigos marcos vão desaparecendo um a um, sob a maré de uma nova vida, prosseguiremos confiantes, sabendo que o melhor ainda está por vir, e que "o olho não viu, nem o ouvido escutou, tampouco o coração do homem captou as coisas que Deus preparou para aqueles que O amam", e O colocam sempre em primeiro lugar.

Cada uma dessas Eras ou maneiras de se conhecer a Deus tem uma qualidade dominante ou caráter próprio que a distingue das outras 11. Assim como cada nação tem uma qualidade indefinível que todos os seus naturais têm em comum, não importa o quanto possam diferir entre si, e que os distingue de todos os outros povos; assim como cada uma das grandes religiões tem o próprio caráter ou a atmosfera que deriva dos aspectos particulares da Verdade Universal que enfatiza, assim também cada Era tem o seu caráter peculiar que deriva dos aspectos particulares da Verdade de que trata. A qualidade que distingue a nova Era Aquariana — tão diferente em todos os aspectos da última Era Pisciana — chama-se, para fins de conveniência, "Urano" e, de maneira geral, todas as atividades e expressões da Era Aquariana serão uranianas. Bem, isso é interessante, porque nos dá uma ideia ampla do tipo de coisa que podemos esperar. Em geral, Urano é considerado um desintegrador ou destroçador, mas é preciso lembrar que isso não implica, necessariamente, como muitas vezes se pressupõe, uma destruição real. Não faz mal que o menos bom seja destruído se isso significar que se está dando ao melhor uma oportunidade de tomar o seu lugar. Aqueles que entendem a Verdade da Existência estão bem cientes de que aquilo a que chamamos de morte e destruição, em geral, não passa de um prelúdio para algo melhor e superior. O que é a morte da segunda-feira senão o nascimento da terça? A morte do ano velho senão o nascimento do novo? A derrubada de uma casa velha senão o prelúdio para a construção de outra nova e melhor. E assim a Nova Era, que a princípio parece ser destrutiva, só será na verdade destrutiva das ideias que, conquanto boas e necessárias na sua época, já estão agora ultrapassadas pela humanidade, e apenas poderiam constituir um estorvo.

Imaginem o estado de espírito do pintinho no momento em que está todo formado e pronto para uma vida livre e independente, mas um momento antes de a casca se partir. Que confortável e maravilhoso sentir-se ali dentro! Que quentinho, aconchegante, seguro! Como deve ser apavorante para um pintinho nervoso a perspectiva de ser

Mude sua vida

lançado num mundo amplo, frio, desconhecido, aparentemente infinito. No entanto, porque ele agora está maduro e pronto para a grande aventura, a casca quentinha, que lhe foi tão necessária e reconfortante até aquele momento, logo o sufocaria e destruiria se tentasse permanecer nela. Ele ultrapassou essa fase e, quer queira quer não, tem de sair. Ao contrário, um pintinho corajoso que tenha fé na bondade essencial da vida e na simpatia inata das coisas sai para o mundo conquistando e para conquistar. Nesse momento, Urano surge como destroçador, sem dúvida, mas destroçador de uma prisão, libertador de uma alma cativa.

A humanidade está agora na posição de um pintinho que ultrapassou o seu antigo ambiente e deve partir, ousado, para algo novo, estranho e grandioso.

Urano também é citado como símbolo da democracia e da liberdade e, certas vezes, referem-se a ele como símbolo da autocracia. E essa contradição aparente intrigou muita gente. Mas a verdade é que Urano não representa nem a democracia nem a autocracia em si, mas sim a *individualidade*. A livre expressão da individualidade deve significar a verdadeira democracia no sentido de que todo ser humano deverá ter igual oportunidade de autoexpressão, na forma pretendida por Deus. Por outro lado, na qualidade de senhor de seu destino e de comandante da própria alma, ele se tornará o autocrata de sua vida, respondendo apenas a Deus e não se curvando à tirania de nenhuma interferência externa. Isso é Urano.

Na verdade, já nos encontramos há muitos anos na Era Aquariana, mas só agora estamos começando a sentir os efeitos totais da mudança. A natureza desconhece transições súbitas e bruscas. Nela, tudo é gradativo, e assim cada nova era aproxima-se despercebida e vagarosamente da consciência humana, e é preciso que se passe mais de uma geração até que as mudanças possam ser notadas com facilidade. Não devemos esquecer que, num período que dura cerca de 2.150 anos, meio século ou um inteiro não significa tanto quanto se possa supor à primeira vista. Hoje, o período de introdução conhecido tecnicamente como "cúspide" já terminou, e agora estamos em plena função da vida aquariana. Ao corrermos os olhos pelo mundo à nossa volta, impressionamo-nos com a quantidade de manifestações aquarianas que estão acontecendo em toda parte. As novas invenções, por exemplo, que transformaram o mundo a partir da infância das pessoas de meia-idade, são quase todas de caráter Aquário-Uraniano. A eletricidade, que nas suas diversas formas, como a luz elétrica e a tração, o telégrafo, o telefone e o rádio, tanto fez para tornar o mundo novo diferente do antigo — a eletricidade é essencialmente uraniana. Cada aplicação sua, por exemplo, é a individualização, num determinado ponto de manifestação (lâmpada, motor, campainha, microfone, e assim por diante), de uma corrente geral. E quem quer que tenha experimentado lidar com uma corrente elétrica, mesmo que de modo superficial, sabe que, quando manuseada de modo errado, ela apresenta reações excessivamente súbitas e violentas — como um desintegrador ou demolidor. No entanto, quando empregada de maneira construtiva e inteligente, faz mais do que qualquer outra coisa material para liberar a alma humana dos grilhões do trabalho pesado e enfadonho e das limitações físicas. O telefone abole as distâncias e é a pri-

Mude sua vida

meira demonstração parcial do Homem sobre a limitação do espaço. A luz elétrica, dentro e fora de casa, foi o dedo de Deus na promoção de educação, limpeza, saneamento e todas as outras coisas que fenecem na escuridão e florescem na claridade da luz. A tração elétrica, se lhe derem uma boa oportunidade, esvaziará as favelas urbanas e devolverá o povo à zona rural de Deus. O rádio derrubou rapidamente muitas barreiras artificiais que antes separavam o Homem do Homem. E, dentro de cada nação, destruiu os preconceitos sociais de um lado e de outro, por meio de um padrão correto de fala que estende a todas as classes, e é clara a mudança ocorrida. No âmbito internacional, o rádio zombou das fronteiras e, graças a seus serviços, deixou de ser possível, por mais que o quisessem as autoridades reacionárias, isolar qualquer grupo de seres humanos do cabedal comum de conhecimento e progressos humanos. A Inquisição teria sido impotente contra a radiodifusão e um aparelho receptor em cada lar.

Depois da eletricidade, o motor de combustão interna sob a forma do automóvel e do avião talvez tenha sido o que mais contribuiu para modificar a face do mundo, e também isto é, em essência, Urano-Aquariano. Considere como o automóvel é algo fundamentalmente individual quando comparado a um trem. Na verdade, não se poderia obter uma expressão mais completa da distinção que existe entre a compulsão da massa e a livre individualidade do que quando se considera a diferença entre fazer uma viagem marcada, num trem com horário marcado, e um descompromissado passeio de carro pelo campo. Do ponto de vista internacional, o avião simplesmente aboliu as fronteiras militares. Os autores de assuntos militares continuam escrevendo em termos de fronteiras estratégicas, mas os estadistas sabem, para sua íntima consternação, que elas desapareceram.

A Era Aquariana será, de fato, a era da liberdade pessoal. Não é mera coincidência que sua chegada marque a emancipação das mulheres como sexo, e que na época atual também às crianças foram concedidos direitos como indivíduos, e que elas não são mais consideradas apenas propriedade pessoal dos pais.

Vimos que os chamados 12 Signos do Zodíaco, na verdade, significam 12 diferentes maneiras de conhecer a Deus. A maioria das pessoas racionais já abandonou o hábito infantil de pensar em Deus apenas como um grande tipo de homem superior, e, à medida que a Era Aquariana avança, o grosso da humanidade também superará aos poucos essa limitação. A verdade é que Deus é Tudo em Tudo: Mente, Vida, Verdade e Amor Infinitos. Deus é Infinita Inteligência, Sabedoria Insondável, Beleza Inexprimível. Repetindo tais palavras, obtemos, é claro, uma percepção absolutamente inadequada do seu significado real, e a verdadeira natureza de Deus, em toda a sua plenitude, é tão imensa e maravilhosa e tão acima de nosso alcance que, na prática, a raça humana leva não milhares, mas milhões de anos para atingir a sua total compreensão. Até mesmo para perceber o fato de que Deus é a Mente Incorpórea, Princípio Perfeito, levamos centenas de milhares de anos. E mesmo esse ponto não será alcançado por todos nós senão daqui a algum tempo. E, quando tivermos captado essa estupenda realidade, a Verdade sobre Deus ainda se manifestará diante de nós até o Infinito.

Assim como cada era é uma lição especial que a humanidade tem de aprender sobre Deus, em cada uma existe um mestre extraordiná-

Mude sua vida

rio e especial que ensina a lição daquela era, e a demonstra de maneira completa e inequívoca. O grande Mestre da Raça da Era de Áries foi Abraão. Abraão ergueu a bandeira do Único Deus, perfeito, não-manufaturado, eterno nos céus. Abraão, quando recebeu essa iluminação, vinha da idolatria e, antecipando Moisés, disse: "Sabe, ó Israel, que o Senhor teu Deus é um só Deus; não terás outros deuses que não Ele; não esculpirás imagens."

O tremendo passo à frente que isso representou na história da humanidade só pode ser apreciado por aqueles que investigaram as antigas civilizações, com sua confusão de deuses rivais e suas idolatrias fúteis, grotescas e por vezes obscenas. Uma antiga tradição conta que a família de Abraão era fabricante e vendedora de ídolos e, assim, ao defender o Deus Único e Puramente Espiritual, ele foi obrigado a romper com seus parentes imediatos. É bem possível que tenha sido assim, pois não será o fabricante de imagens aquele que com mais probabilidade se tornará, de coração sincero, um iconoclasta.

Abraão, por ter inaugurado a nova era, a de Áries ou Carneiro, entrou para a História, e seu trabalho continuou com o fluxo e refluxo característicos da atividade humana. Observemos que essa era é chamada simbolicamente de Era do Carneiro, e que ao longo da Bíblia os carneiros são usados para simbolizar os pensamentos; a grande lição de destaque da Bíblia é que temos de ficar atentos a nossos pensamentos porque aquilo em que pensamos com convicção cedo ou tarde acontecerá. É importante observar quantos dos grandes santos e heróis da Bíblia foram pastores. Jacó, Moisés, Davi, Ciro, o Medo ("Seu Ungido") e muitos de importância inferior foram aprendizes no ofício de pastor de ovelhas — o controle correto do pensamento. E, dos muitos títulos dados ao Senhor, Ele provavelmente teria preferido o de Bom Pastor. Não disse Ele que "o Bom Pastor dá sua vida por suas ovelhas"? Em tudo isso, vemos a influência da lição de Áries agindo sobre o pensamento da raça. O Egito, na Bíblia, representa o materialismo, o pecado, a doença e a morte ("Retirei meu filho do Egito"), e, de modo muito significativo, diz-se que os egípcios guardavam inimizade e ódio imorredouros por um pastor. Tudo isso, é claro, não deve ser tomado ao pé da letra como uma reflexão sobre o povo que vivia no vale do Nilo — e que não era pior nem melhor do que os outros povos —, mas como uma descrição simbólica do resultado das leis naturais. É interessante notar que até os dias de hoje, nas sinagogas judaicas em que ainda persiste a Era de Áries, o chifre do carneiro permanece como um símbolo vivo.

A era que se seguiu à de Áries, e da qual emergimos recentemente, e que bem poderia ser chamada de época do cristianismo ortodoxo, é conhecida como Era de Peixes. O grande líder e profeta dessa era foi, é claro, Jesus Cristo, e sabemos que nos primeiros dias do cristianismo ele era simbolizado, entre seus seguidores, por um peixe. A cruz, o grande emblema do cristianismo tempos depois, não era usada no princípio. Naquela época, as pessoas tinham um pouco de vergonha de associar o Mestre a um patíbulo romano. Nas catacumbas de Roma e em outros locais, encontramos inscrições dos primeiros cristãos em que Jesus é referido como o peixe. Isso oferecia a vantagem adicional de despistar os seus perseguidores. Na verdade, a cruz como símbolo da matéria e limitação física é muito mais antiga que o cristianismo, mas isso não é pertinente ao nosso assunto. Basta dizer que a Era de Peixes estava sendo constantemente anunciada em símbolos por todo o tipo de pessoas, muitas das quais nem se davam conta do que estavam fazendo. A grande Igreja medieval, por exemplo, centralizava a sua autoridade, para todos os efeitos práticos, no bispo, e o símbolo que distingue um bispo é a mitra, claro. E o que é a mitra senão uma cabeça de peixe usada à guisa de touca? Jesus disse: "Eu vos farei pescadores de homens", e seus primeiros discípulos foram pescadores, assim como eram pastores os líderes do Antigo Testamento.

Por toda a Bíblia, e na antiga tradição oculta em geral, o peixe simboliza a sabedoria, entendida como o termo técnico para o conhecimento da Plenitude de Deus e do poder da oração. Observe que o peixe vive nas profundezas das águas (a alma humana), das quais tem de ser pescado; e ele é mudo e não-assertivo. Precisa ser apanhado com paciência e suavidade, não pode ser caçado com violência, como se faz com um lobo.

A Era Aquariana é a era do Homem com o Pote de Água ("Buscai um homem carregando um pote de água") — e quem é o homem com o pote de água? Ora, o jardineiro, é claro, e assim o símbolo interpretativo da Nova Era será o Jardineiro. O homem passou de Pastor a Pescador e agora se torna Jardineiro. E esse título expressa muito bem o tipo de trabalho que ele tem de executar em seu novo papel. Chegamos agora ao estágio em que, depois de aprendida a lição da necessidade de controle do pensamento, e após ter sido contatada e apreciada a *Santa Sofia* ou Santa Sabedoria, as duas coisas têm de ser unidas mentalmente em nossos exercícios espirituais diários.

A ciência moderna está dando os seus maiores passos no domínio da psicologia, tanto que esta pode, hoje, ser chamada de criada da metafísica. E a psicologia insiste cada vez mais que o consciente e o subconsciente se situem quase na mesma relação em que estão o jardineiro e o jardim. O jardineiro planta a semente no solo que preparou; rega a terra e, na medida do possível, escolhe um local em que bata sol; mas ele não tenta fazer a semente crescer. Deixa isso para a Natureza. Do mesmo modo, no tratamento espiritual ou na Oração Científica, falamos o Verbo, mas deixamos que o Poder Divino faça a demonstração. "Eu plantei; Apolo regou; mas Deus fez crescer." A nota dominante da Nova Era será o desenvolvimento espiritual e a demonstração espiritual.

A essa altura, a pergunta surge naturalmente: Quem é, ou quem será, o grande mestre e profeta da nossa nova Era Aquariana? Bem, parece não haver falta de candidatos para o posto. Pelo mundo todo, as mais diversas pessoas estão pretendendo esse alto posto, com seguidores a proclamá-lo para seus líderes. Não precisamos perder tempo com essas disputas. Não nos advertiu o Mestre de que surgiriam falsos Cristos que enganariam, se fosse possível, até os próprios eleitos?

O maravilhoso é que agora, depois de todos esses milhares e milhares de anos de diligência ascendente, atingimos, por fim, o estágio em que a humanidade está pronta para dispensar profetas particulares de todo tipo e para entrar por si mesma em contato direto com o Deus Vivo. Jamais até aqui isso havia sido possível para a grande massa do povo. Uma vez ou outra, algumas pessoas atingiram esse estágio, porém somente agora ele está acessível à grande maioria, a qual sempre

Mude sua vida

teve necessidade de algum símbolo concreto. Primeiro, um ídolo tosco e palpável tal como foi denunciado por Abraão e Moisés, e depois por Maomé. Mais tarde, quando já havia ultrapassado esse estágio, essa maioria ainda exigia um homem para adorar, quem sabe um livro, algo tangível e concreto a que pudesse apegar-se mentalmente. Porém, agora, devido sobretudo ao efeito que Jesus operou na mente humana há quase dois mil anos, tornou-se possível a todos os homens e mulheres, se eles quiserem, captar a ideia da Verdade do Cristo Impessoal; a verdade de que o Cristo Que Vive em Nós — a Luz Interior dos Quacres — está sempre com eles para inspirar, curar, fortalecer, consolar e iluminar. Jesus disse que, "a menos que eu me vá, o Espírito Santo não pode vir", querendo com isso significar que, enquanto ele estivesse com as pessoas, elas se agarrariam à sua personalidade, em vez de descobrirem o Deus Infinito e Incorpóreo por si mesmas. E é isso, em grande parte, o que as igrejas ortodoxas sempre fizeram.

E assim o Grande Mestre Mundial da nova era não será homem ou mulher, ou livro, ou organização, mas o Cristo Que Vive em Nós, que cada indivíduo deve descobrir e contatar por si. Há um teste simples pelo qual qualquer um pode distinguir um mestre verdadeiro de um falso. É o seguinte: se ele chamar a atenção para a própria personalidade; se fizer reivindicações especiais para si; se disser que recebeu quaisquer privilégios especiais de Deus e que não são igualmente acessíveis a toda a raça humana em qualquer parte; se tentar, em seu próprio nome ou no de uma organização, estabelecer, sob qualquer pretexto, um monopólio da verdade sobre Deus, então — não importa quão imponentes sejam as suas credenciais nem quão agradável a sua personalidade — trata-se de um falso mestre, e é melhor que você nada tenha a ver com ele. Mas se ele, ao contrário, disser que você desvie o olhar dele, que busque a Presença de Deus no próprio coração, e que utilize livros, palestras e igrejas apenas como meios para alcançar esse determinado fim, então — não importa quão humildes possam ser seus esforços nem quão falha possa parecer a própria demonstração — trata-se de um verdadeiro mestre e está dando a você o Pão da Vida.

A humanidade leva cerca de 26 mil anos para concluir essa aula de 12 lições sobre Deus, à qual damos o nome de Zodíaco. Porém, é claro, já a concluímos muitas vezes — lembre-se de que a raça humana é bem mais antiga do que a maioria das pessoas pensa — e a concluiremos muitas mais, só que cada vez realizamos as mesmas lições num nível bem mais alto, adquirindo uma *qualidade* diferente de conhecimento, pois isso não é um círculo interminável, mas uma espiral ascendente.

Essa mudança pela qual o mundo está passando no momento, que cobre de sensações as primeiras páginas dos jornais e enche de medo e apreensão os corações dos homens, essa mudança, repetimos, é muito mais do que a simples passagem de um signo ou era para outro, como aconteceu na passagem de Áries para Peixes, de Touro para Áries, de Gêmeos para Touro, e assim por diante. Na verdade, nossa mudança atual é a maior que a raça humana fez em cerca de 52 mil anos. Ou seja, fizemos duas voltas em torno do Zodíaco desde a última vez em que demos um passo à frente da mesma magnitude do atual. Desde que, em sua maioria, tornou-se capaz de usar o pensamento abstrato (é bem verdade que pouquíssimos fazem isso agora,

Mude sua vida

mas todos poderiam usá-lo se quisessem e fossem treinados para tal), a humanidade jamais havia adquirido tamanho acréscimo de Poder. Agora é possível, a qualquer um que o quiser, entrar em contato com o Poder Espiritual que existe à nossa volta, e que é Deus, sempre pronto para nos ajudar de uma hora para outra e da maneira que precisarmos.

Isso quer dizer que, enquanto a raça humana como um todo avança com relativa lentidão na senda do desenvolvimento espiritual, *já não existe absolutamente motivo algum pelo qual um indivíduo que de fato deseje isso não possa abolir todos os passos intermediários e fazer a Grande Demonstração no próprio ritmo, independentemente de quaisquer circunstâncias materiais de tempo, do Zodíaco, ou seja lá do que for.* As qualidades de que ele necessitará para o êxito são uma busca coerente da Verdade e a prática sincera do que de mais elevado ele conhecer no momento.

Podemos ver agora que o Zodíaco é, sem dúvida, um dos grandes símbolos cósmicos, talvez o maior de todos, um diagrama do desenvolvimento da alma humana, e não o mero fato físico da Precessão dos Equinócios. Não apenas uma espécie de ferrovia circular para a quiromancia, mas um dos mistérios mais profundos da alma.

A pergunta a respeito de *quando* ocorrerão as grandes mudanças aqui referidas é uma questão que não admite uma resposta precisa. Pode-se, no entanto, dizer com confiança que aquilo que vier a nos afigurar como as mais revolucionárias e extensas convulsões devido às circunstâncias da vida humana terá chegado por completo a seu fim daqui a uns 25 anos; e também que algumas mudanças muito importantes e impressionantes já estão em andamento e talvez se tornem espantosamente aparentes dentro dos próximos anos.

Tais mudanças não acontecerão sem um pouco de perturbação e caos temporários, como vimos. Entretanto, sabemos que o Homem, como raça, sairá vitorioso, purificado, fortalecido e emancipado. E no que diz respeito ao indivíduo? Bem, os indivíduos podem passar uns maus pedaços em certos casos, mas o nosso destino pessoal dependerá única e exclusivamente de uma coisa: da condição em que mantivemos a nossa consciência. Se adotarmos uma atitude de paz e boa vontade mental para com todos, se de fato arrancarmos do coração cada átomo de hostilidade e condenação para com nosso irmão, seja ele quem for, nesse caso estaremos salvos. Como Jesus prometeu: "Nada, por meio algum, te ferirá." Nós passaremos incólumes e impassíveis pelo fogo mais quente. Porém, se nos deixarmos seduzir, mesmo que seja apenas pela aquiescência mental, por qualquer corrente de ódio contra alguém, contra qualquer nação, raça, classe ou seita religiosa, ou qualquer outra pessoa ou grupo de pessoas, seja a que pretexto for, então teremos aberto mão de nossa proteção e seremos obrigados a arcar com as consequências. Se nos deixarmos inflamar por qualquer campanha de ódio, seja ela política, religiosa ou jornalística, e não importa o quão hipocritamente ela esteja camuflada, então nos entregaremos de peito aberto a quaisquer tendências destrutivas existentes. Cabe a nós escolher, sabendo que sofreremos as consequências de nossa decisão.

É evidente que a única proteção real em qualquer tipo de perigo é o conhecimento da Oração Científica, ou a Prática da Presença de

Mude sua vida

Deus. Desse modo, não teremos todos nós — que compreendemos e pomos em prática esta Verdade — dever e responsabilidade sagrados de fazer tudo o que estiver ao nosso alcance para difundir tal conhecimento o mais ampla e rapidamente possível?

Os sete aspectos principais de Deus

Você já se perguntou: Como é Deus? Dizem-nos que devemos orar desviando-nos do problema e pensando em Deus; mas como vamos pensar em Deus? Qual é a Sua natureza? Qual é o Seu caráter? Onde está Ele? Podemos de fato entrar em contato com Ele, e, em caso afirmativo, como?

A primeira coisa a se perceber, e a mais fundamental, é que Deus não é apenas uma espécie de homem superior. A maioria das pessoas diria: "Claro que não"; mas minha experiência de vida me mostra que, mesmo hoje, em sua maior parte, as pessoas pensam mesmo em Deus apenas como um homem ampliado — só isso, nada mais; um homem muito bom, extraordinariamente sábio, de poder infinito, mas, ainda assim, um homem. Tal ideia não passa de uma projeção das próprias personalidades, e é preciso muito pouca reflexão para comprovar que isso não pode ser verdade. Em filosofia, tal ser é chamado de Deus antropomórfico (do grego *anthropómorphos*, "de forma humana"). E uma pessoa assim finita não poderia, de modo algum, ter criado o universo sem limites que vemos pelos telescópios, ou a infinita variedade de formas diminutas que enxergamos pelos microscópios, para não falar na criação infinita que ainda desconhecemos.

É natural que uma pessoa irrefletida pense em Deus como uma edição ampliada de si mesma, tal como podemos supor que, se fosse dado a um inseto imaginar Deus, ele O imaginaria como um inseto enorme de poder ilimitado. Nós, todavia, possuidores das faculdades gêmeas da razão e da intuição, temos de ir além desse estágio infantil e chegar à verdade.

Deus é infinito, o que é in-finito ou ilimitado. Reflita sobre isso a cada dia da sua vida, e uma vida inteira não será longa o bastante para captar tudo o que quer dizer. Por exemplo, você não poderia entrar num aposento ou prédio para encontrar Deus porque, se Deus pudesse ser localizado em determinado cômodo, não seria infinito. O que em geral acontece é que, enquanto ainda somos criancinhas muito novas, formamos ideias (naturalmente infantis) sobre todo tipo de coisas. Achamos que uma casa de três andares é um arranha-céu. Achamos que a rua perto da qual moramos é tão larga que cruzá-la é uma viagem e tanto. Achamos que nossos pais tudo sabem e podem. Nesse estágio, pensamos em Deus como alguém parecido com nosso avô ou talvez com o clérigo da igreja local. Depois vamos crescendo e, à medida que chegamos à maturidade, vamos, aos poucos, repensando todos os assuntos, exceto um. Revemos nossas ideias sobre família, cidade, país. Sobre os negócios, esporte, política. Porém, na maioria dos casos, as pessoas nunca reveem a sua ideia inicial de Deus. E assim continuam, nos seus anos de maturidade, a tentar conviver com o conceito de Deus que formaram na infância, e o resultado é muito

Mude sua vida

limitante, claro. É como se o adulto tentasse usar os sapatos da criança. Não conseguiria caminhar.

Uma grande dificuldade prática ao discutir Deus é que não temos um pronome adequado para empregar. Temos de usar "Ele" e "O". Não há alternativa, mas essas palavras são muito enganadoras, pois de modo inevitável sugerem um homem ou animal macho. Usar "ela" e "a" seria igualmente absurdo. Referir-se a Deus como "isto", ou outra forma semelhante, além de parecer desrespeitoso, sugere um objeto inanimado e sem inteligência. Portanto, o leitor deve lembrar que se usa "Ele" e "O" por falta de coisa melhor e orientar o seu pensamento nesse sentido.

A Bíblia diz que Deus é espírito* e que aqueles que O adoram devem adorá-Lo em espírito e verdade. Adorá-Lo em espírito significa obter compreensão espiritual de Sua natureza, e agora nos esforçaremos por fazer isso. Não tentaremos definir Deus porque isso seria limitá-Lo, mas podemos obter, para todos os fins práticos, um excelente conhecimento funcional Dele. Faremos isso considerando diferentes aspectos da Sua Natureza, um por um.

Suponhamos que você quisesse ver um grande edifício, como o Capitólio em Washington. Sabe que não há meios de vê-lo todo de uma só vez, mas isso não quer dizer que você não possa familiarizar-se bem com ele. O que tem a fazer é rodear o prédio, observando-o de ângulos diferentes, até ver tudo. Olharia para ele, digamos, do lado norte, em seguida do leste, depois do sul e, por fim, do oeste. Saberia,

---

*João 4,24.

então, exatamente qual a aparência do prédio. Faremos o mesmo com a ideia de Deus.

A única maneira de nos aproximarmos de Deus é pensar Nele. Não existem degraus materiais que nos levem até Ele. Apenas pensando Nele é possível aproximar-se Dele. No Oriente, certas pessoas insensatas tentaram acercar-se de Deus mutilando seus corpos ou assumindo posturas desconfortáveis e antinaturais, ou, ainda, realizando exercícios para conseguir feitos acrobáticos difíceis — porém, tais coisas não passam de perda de tempo. Não existe outra maneira de encontrar Deus a não ser pela *oração*, e orar é pensar em Deus.

Existem três graus de intensidade na oração. O primeiro e o mais fácil deles é orar em voz alta, coisa que muitas vezes é chamada de tratamento audível. O segundo grau, um pouco mais difícil para a maioria das pessoas, mas também muito mais poderoso, é pensar de maneira sistemática em Deus, reconhecendo Sua presença onde parece estar o problema. Isto é meditação, e uma boa maneira de meditar é ler um versículo da Bíblia, ou o parágrafo de um livro espiritual, e depois deixar que a mente se fixe nele. Atinge-se o terceiro grau quando o pensamento e o pensador se tornam um só e há uma vívida percepção da Verdade. A isso, chama-se contemplação, porém não é possível que a maioria das pessoas consiga atingi-la, por enquanto, e ninguém deve tentar. Na hora certa, ela chegará de forma espontânea, e antes da hora certa não se pode forçá-la. Em sua maioria, os problemas práticos podem ser resolvidos por meio da oração audível ou da meditação.

Deus é infinito, porém, nós, como seres humanos, conquanto não sejamos, é claro, capazes de captar o Infinito, somos perfeitamente

Mude sua vida

capazes de nos familiarizar com muitos aspectos ou Tributos diferentes de Sua natureza. Destes, existem sete aspectos principais que são mais importantes do que quaisquer outros. São as sete verdades fundamentais sobre Deus, e todas as demais são feitas de combinações de algumas das sete. Essas verdades jamais mudam. Eram as mesmas há um bilhão de anos e serão as mesmas daqui a um bilhão de anos. Assim, cabe-nos obter uma compreensão e uma percepção que possam ser, respectivamente, a mais clara e a mais forte desses sete aspectos principais. Isso pode ser feito pensando-se bastante neles, comparando-os entre si e identificando-os nas experiências do dia a dia. Isso é oração, e muito poderosa. O meio mais rápido de resolver determinado problema é meditar sobre qual aspecto se aplica melhor àquele caso específico. Pensar em *qualquer* aspecto de Deus resolverá um problema, mas se escolher o aspecto correto você obterá o resultado desejado com mais rapidez e facilidade.

O PRIMEIRO ASPECTO PRINCIPAL que vou examinar é a Vida. Deus é Vida. Deus não é apenas viver, nem Deus *dá* a vida, mas Deus *é* Vida. Onde existe Deus, existe Vida. Deus é a sua vida. Vida é existência ou ser.

Quando você está doente, está apenas parcialmente vivo. Quando está cansado, deprimido ou desencorajado, está apenas parcialmente vivo. Estar vivo de verdade significa estar com saúde e juventude e interesse no trabalho de cada dia. Poucas são ainda as pessoas que expressam Deus de maneira adequada, porque lhes falta o sentido da vida. O que, em geral, acontece é que as pessoas crescem até um sentido máximo de vida, aquilo a que chamamos o "apogeu" da vida, e depois a deterioração, aos poucos, vai se instalando, num processo a que chamamos de "meia-idade", até que por fim chegam a velhice e a morte. Tal processo é comum a toda a raça humana e, claro, não é culpa do indivíduo. Porém, temos de superá-lo em algum momento, percebendo que ele é apenas uma crença falsa e sabendo (não meramente acreditando) que Deus é nossa Vida e que Ele jamais muda.

A alegria é uma das mais elevadas expressões de Deus como Vida. Na verdade, é uma mistura de Vida e Amor, e a Bíblia diz que "os filhos de Deus gritam de alegria". Isso quer dizer que, quando percebemos que somos filhos divinos, devemos experimentar alegria, e que a tristeza é a perda da sensação de paternidade de Deus. A alegria e a felicidade sempre têm um efeito expansivo, assim como o medo tem o efeito de contração e paralisação. Você sabe como uma criancinha se expande como uma flor que se abre quando vai ao encontro de alguém a quem ama e em quem confia; mas, quando está com medo, ela se encolhe para dentro de si mesma. É isso o que acontece também com a alma humana. De igual modo, quando uma pessoa diz "posso", sempre se nota um movimento de quem se expande e se adianta, mas, quando diz "não posso", verifica-se uma retração. Não é possível imaginar uma pessoa dizendo "Sim, eu posso" com um gesto de retração, ou "Não, não posso" de maneira otimista e direta. O corpo sempre expressa a ideia; e a ideia de Vida cura e inspira, enquanto a de medo e morte contrai e destrói.

Você deve dar-se conta do aspecto de Deus como Vida para a cura de moléstias, para a crença de "envelhecer" e para qualquer tipo de depressão ou desânimo.

Mude sua vida

A percepção da Vida Divina cura uma pessoa doente e, é claro, também pode curar animais e plantas. Os animais, em geral, reagem com rapidez a esse tratamento, e as plantas mais depressa ainda; mas não se deve tentar manter vivo um animal velho por meio do tratamento, depois que ele já ultrapassou o período normal de vida para a sua espécie. Os animais e as plantas reagem rapidamente porque não têm o senso forte de egoísmo pessoal que a maioria dos seres humanos revela. Eles nunca se convencem de que não podem ficar bons ou que "a doença foi enviada com algum bom propósito". Tampouco cedem ao desânimo porque não foram curados mais depressa.

Uma experiência excelente é escolher duas plantas (ou dois canteiros) e começar a cultivá-las ao mesmo tempo. A seguir, tratar de uma delas todos os dias, mas não da outra. Muito em breve você ficará surpreso ao ver quanta diferença existe no progresso de uma e de outra. Perceba a presença do Amor Divino no canteiro ou na planta e dê a ambos pensamentos de Amor — encharque-os de Amor. Todo mundo sabe que alguns jardineiros têm muito mais êxito que outros, embora suas qualificações técnicas possam ser as mesmas. A razão disso está em que um deles ama as suas plantas, ao passo que o outro tem nelas apenas interesse comercial.

Se parece faltar ambição a determinada pessoa, trate-a para que tenha vida por meio da percepção da presença do Amor Divino. Certo homem, cujo filho adulto parecia ser totalmente destituído de ambição, veio me procurar para pedir conselhos. Disse-lhe que o tratasse pela percepção do Amor Divino, e não demorou para que as coisas começassem a se modificar. O paciente perdeu a apatia, começou a interessar-se pela vida e não tardou a sair-se bem no trabalho. Os médicos disseram ao pai do paciente que as glândulas de seu filho estavam funcionando melhor e, sem dúvida, o tratamento havia melhorado seu funcionamento, mas, é claro, esse foi apenas o canal através do qual a prece agiu.

Eis outra experiência interessante que você pode fazer. Num final de tarde, ao se encontrar num trem ou metrô lotado, ao ver as pessoas à sua volta com ar cansado e preocupado, desejando evidentemente estar no fim da viagem, comece a afirmar a Presença de Deus como Vida em todos os presentes. Não pare. Ficará surpreso e gratificado ao ver o que acontece. Primeiro, uma pessoa se animará e sorrirá, depois outra se descontrairá, e não vai demorar muito para que todos os ocupantes daquele vagão estejam se sentindo e parecendo diferentes. Não diga que isso é uma bobagem fantasiosa, experimente-a.

O SEGUNDO ASPECTO PRINCIPAL de Deus é a Verdade. Deus é Verdade. Deus não é verdadeiro, mas é a Verdade em si e, onde existir a Verdade, existirá Deus. Ele é a Verdade absoluta e não muda. Existem muitas coisas que são relativamente verdadeiras apenas em certas horas e certos locais. Mas Deus é a Verdade absoluta em todas as horas e em todas as circunstâncias. Tão logo tocamos em Deus, que é o Absoluto, as coisas relativas desaparecem.

Conhecer a Verdade a respeito de qualquer condição faz com que esta cure. Jesus falou: "E conhecereis a verdade, e a verdade vos libertará."* A Verdade é que realiza as grandes curas.

---

*João 8,32.

Mude sua vida

Você deve perceber Deus como Verdade quando quer informações sobre qualquer assunto ou se suspeita que terá de lidar com embuste ou falsidade. Se tem motivos para crer que alguém está tentando enganá-lo, pense em Deus como Verdade e assevere que a Verdade Divina reside na pessoa em questão, e é expressa por meio dela. Se você perceber isso com clareza suficiente, essa pessoa falará a verdade. Quando tiver de realizar alguma transação comercial importante, tal como assinar um aluguel ou contrato, passe alguns minutos percebendo a Verdade Divina e, se houver algo de que precise saber, isso virá à tona. Claro que muita gente pode não desejar enganá-lo, mas, por algum motivo, não lhe conta toda a história. Conheço vários casos em que se impediram sérios desentendimentos porque alguém percebeu Deus como Verdade e, então, todos os fatos vieram à tona. Sei também de diversos outros casos em que a desonestidade intencional foi frustrada da mesma maneira.

A percepção de Deus como Verdade poupará a você horas de pesquisa em qualquer campo. Você será conduzido ao livro certo, à pessoa certa ou ao local certo sem perda de tempo, ou a informação necessária chegará às suas mãos por qualquer outra forma.

O TERCEIRO ASPECTO PRINCIPAL de Deus é o Amor. Deus é Amor. Deus não é amar, mas o Amor em si, e provavelmente seria verdade dizer que, de todos os sete aspectos principais, esse é o mais importante para pormos em prática. Não existe condição que Amor suficiente não cure, e, onde houver boa vontade, não será difícil criar um sentido suficiente de Amor, com fins curativos. A Bíblia toda trata da natureza de Deus e, à medida que as Escrituras se desenvolvem, a ideia de Deus fica cada vez mais clara, até que, no final, diz-se que "Deus é amor, e aquele que permanece no amor permanece em Deus, e Deus, *nele*".* E mais alto que isso não podemos ir. O próprio Jesus falou: "Nisto conhecerão todos que sois meus discípulos, se tiverdes amor uns aos outros."**

Onde existe o medo não pode existir o amor. A melhor maneira de se livrar do medo é perceber o Amor Divino. Quando você amar a Deus mais do que ama o seu problema, estará curado. Isso lhe parece estranho? É verdade. Se amar a Deus mais do que ama o seu micróbio, sua doença, mágoa, carência ou seu medo, estará curado. Se pudesse ter uma sensação de Amor Divino Impessoal para com todas as pessoas, ninguém conseguiria magoá-lo. Se alguém viesse roubá-lo ou matá-lo, não conseguiria executar seu intento. Todos ouvimos contar casos de pessoas excepcionais que conseguiam andar entre as feras da selva sem serem feridas, e tem-se notícia de muitas outras histórias de pessoas que saíram incólumes de extraordinários perigos de outros tipos.

O Amor Divino *jamais* falha, mas o importante a se perceber é que este deve estar no seu coração e não pode operar de fora para dentro, digamos assim. Se você tivesse Amor Divino suficiente no coração em relação a todo mundo, poderia curar os outros falando o Verbo uma só vez; e, em muitos casos, a sua simples presença ocasionaria a cura sem que você tivesse de fazer qualquer esforço especial. É claro que, se tivesse atingido esse estágio, você já teria se livrado de toda crítica

---

* 1 João 4,16.
** João 13,35.

Mude sua vida

e reprovação. Nunca, nem mesmo por um instante, você desejaria ver alguém punido ou pensaria: "Benfeito!" Isso não significa que você justificaria de modo algum o que estivesse errado, mas você condenaria o erro, e não a pessoa que errou. Se um bebezinho é levado e quebra um objeto de valor, você lamenta a ação em si, mas não odeia o bebê. Assim, ao lidar com criminosos e outros delinquentes, devemos tomar as medidas cabíveis no que lhes diz respeito, tal como trancafiá-los em prisões humanas para o bem deles e da sociedade, porém sem ódio. Um ladrão deve ser preso, por exemplo, não apenas para impedir que suas vítimas sejam roubadas, mas para o seu próprio bem, a fim de impedir que sua carreira criminosa cresça e acabe culminando, quem sabe, num assassinato. Claro que sua pena na prisão deve ter como finalidade reformá-lo, e não apenas puni-lo.

Da mesma maneira, você não deve permitir que outras pessoas o ludibriem ou tirem vantagem de você. Isso seria ajudá-las a serem desonestas ou egoístas. Proteja seus direitos, mas sempre num espírito de Amor Divino.

É provável que você já conheça a história do estranho que se mudou para uma cidade e perguntou ao vizinho:

— Que tal o pessoal daqui?

O vizinho, um quacre, respondeu serenamente com outra pergunta:

— Como era o pessoal no lugar de onde vieste?

O recém-chegado replicou:

— Vim de.... O pessoal de lá era muito mesquinho e desonesto.

O quacre retrucou:

— Receio que encontrarás todos aqui.

Uma terceira pessoa que estava presente entrou na conversa comentando:

— Engraçado, venho da mesma cidade e sempre achei o pessoal de lá muito bondoso e amistoso.

E o velho quacre, voltando-se para ela, disse:

— Também encontrarás todos aqui.

Perceber Deus como Amor é o remédio para o medo — o único remédio. Ultimamente, têm-se publicado muitos livros sobre o medo; porém, examinando-os, constatei que em quase todos os casos eles se detêm apenas na análise do medo, dizendo como é nefasto e faz mal, e como é importante que nos livremos dele. Contudo, não oferecem qualquer meio prático para que possamos fazer tal coisa. A verdade é que só existe um remédio para o medo: adquirir algum sentido do Amor Divino pensando sobre ele, analisando-o, afirmando-o e exprimindo-o na prática a todos os seres humanos, sem exceção.

Se suas preces não são atendidas, deve haver algo errado com você. O universo é governado por leis que não podem ser burladas. O próprio Jesus não infringiu a Lei da Existência quando realizou seus milagres; não poderia, nem teria desejado isso. Ele cumpriu a lei quando orou. Quando suas preces não são atendidas, deve ser porque você não cumpriu as condições da lei, e isso acontece 99 vezes em cem, porque falta a você o sentido de amor por todos. É uma lei cósmica que o Amor cura e que o medo e a condenação danificam e destroem. Prepare-se para o Amor todos os dias e fique atento aos seus pensamentos, *à sua língua* e aos seus atos, para que nada contrário ao Amor aí encontre expressão.

Mude sua vida

A Oração Científica consiste em enxergar Deus onde parece estar o problema. Quando uma pessoa se porta mal, enxergue nela a Presença de Deus. Quando uma parte do corpo está doente ou ferida, enxergue ali a Presença de Deus. Onde parece estar faltando alguma coisa, enxergue a Presença de Deus e assevere também o Amor Divino, e quando você *experimentar* o sentido do Amor Divino, a sua demonstração estará feita, e aquilo que necessita chegará até você. Não é necessário que você tenha uma experiência emocionante. Isso pode ser apenas psíquico. O que fará a demonstração, sob quaisquer circunstâncias, é uma forte convicção da Verdade, com um sentido do Amor Divino. Você tem uma forte convicção de que dois e dois são quatro, de que Chicago fica no estado de Illinois, de que a Estátua da Liberdade fica em Nova York. Você não discute essas coisas; apenas sabe que são verdadeiras. Tenha a mesma convicção serena e firme sobre as suas afirmações da Verdade, e você fará a demonstração. Às vezes, você tem uma gostosa sensação de paz com relação ao problema — a pomba pousa —, porém não é necessário que isso aconteça para fazer sua demonstração. De modo geral, ela chegará sem isso. Se a pomba pousar, pare de trabalhar.

Não fale sobre as suas preces, guarde para si os seus assuntos espirituais. Não conte a ninguém que está rezando por determinada coisa e de determinada maneira. Mantenha em segredo os assuntos de sua alma. Quando obtiver uma demonstração, não saia logo correndo para contar a todo mundo. Fique quieto até que a coisa se cristalize, digamos assim. Jesus, quando curava, dizia às pessoas: "Vá e não conte a ninguém."

Porque Deus é Amor, Deus nunca pune nem ameaça ninguém. A ação de Deus só acontece para curar, consolar e inspirar. Quanto mais nos aproximamos de Deus, mais felizes, serenos e sadios somos. Na verdade, os problemas e as doenças são, de fato, a maneira pela qual nos damos conta de que perdemos o sentido da Sua Presença. Quando cometemos erros ou agimos mal, o castigo que atraímos sobre nós mesmos é a consequência natural da lei que infringimos; e continuaremos a sofrer até cessarmos de infringir a lei. Essa medida é muito sensata e misericordiosa, pois não poderíamos aprender de nenhuma outra maneira. Uma brasa incandescente queima a sua mão se você tocar nela. Trata-se de algo bom porque, se não acontecesse assim, algum dia você poderia colocar inadvertidamente a mão no fogo, e ela ficaria carbonizada antes que você pudesse evitar. Deus é Amor, e Deus é o único poder.

O QUARTO ASPECTO PRINCIPAL de Deus é a Inteligência. Deus não é apenas inteligente, Deus é a Inteligência em si. Quando você perceber com clareza que este é um universo inteligente, isso fará uma diferença importantíssima na sua vida. É óbvio que num universo inteligente não pode haver qualquer desarmonia, dado que todas as ideias devem funcionar juntas para o bem comum. Isso significa que não pode haver colisões ou superposições em parte alguma, nem escassez. Uma máquina que tenha sido inteligentemente projetada não tem peças desnecessárias nem falta de peças essenciais. A máquina é exatamente precisa, completa e perfeita, e assim é o universo quando o compreendemos.

Mude sua vida

De modo especial, é importante dar-se conta de que Deus é Inteligência pela seguinte razão: ocorre por vezes que as pessoas, tendo superado a ideia infantil de que Deus é apenas um homem ampliado, voltam-se para o extremo oposto e pensam em Deus apenas como uma força cega, tal como a gravidade ou a eletricidade. Isso quer dizer que perderam todo o sentido do Amor e da Paternidade de Deus, e uma ideia assim é pouco melhor que uma forma sutil de ateísmo. Na realidade, esse ponto de vista não difere muito da atitude do materialista que, em geral, acredita com firmeza naquilo que ele chama de leis da Natureza.

Num universo inteligente, não pode haver nem crueldade nem desperdício, pois essas duas coisas são sintomas infalíveis de falta de inteligência em quem é culpado delas. E assim sabemos que a desarmonia e a estupidez de qualquer tipo não passam de ilusões da mente carnal, e sempre começam a desaparecer ante a percepção de Deus como Inteligência.

Será Deus uma pessoa? Não, Deus não é uma pessoa no sentido comum da palavra. *Deus tem todas as qualidades da personalidade, exceto a sua limitação.* É verdade que a mente humana não consegue imaginar qualquer personalidade que não seja limitada, porém tal dificuldade provém das próprias limitações da mente humana em si, e, é evidente, isso não afeta a natureza de Deus. A Bíblia diz: "Na verdade, o que quer que você ache que Eu sou, isso Eu serei para você." E isso quer dizer que, se atribuirmos a Deus todas as qualidades de uma personalidade infinita, inteligente, amorosa, dotada de poder infinito, Deus será exatamente isso para nós. Assim, podemos dizer que acreditamos num Deus pessoal, mas não num Deus antropomórfico. Não há nada que um Deus antropomórfico possa ser para que o Deus verdadeiro não seja e, além disso, Ele ainda é infinitamente mais.

Ao adquirir essas ideias mais amplas e melhores de Deus, você não deve sentir que trocou o Deus da sua infância por um novo Deus — como se pode trocar um partido político por outro —, mas sim que está simplesmente adquirindo uma ideia melhor e mais adequada do mesmo Deus que sempre adorou; porque, é claro, só existe um Deus.

Você deve tratar-se para a Inteligência pelo menos duas ou três vezes por semana, pensando nela, reivindicando-a para si. Tal prática fará com que todas as atividades da sua vida sejam mais eficientes. Sem dúvida, deve haver algo que você poderia fazer de maneira melhor do que está fazendo, e o tratamento o ajudará a perceber isso. Se está perdendo seu tempo em determinadas direções, esse fato ficará bem claro para você, e uma nova maneira de trabalhar lhe será mostrada. Algumas pessoas ficam um pouco magoadas quando se lhes diz que se tratem para a Inteligência, considerando tal conselho como desdouro para as suas mentalidades, porém, quanto mais inteligente uma pessoa é, tanto mais ela se dá conta de que precisa muito mais dessa faculdade.

Quando as coisas parecerem ir mal em sua vida, trate-se para a Inteligência. Quando seus negócios ou outras situações parecerem ter chegado a um impasse, trate-se para a Inteligência. Quando lhe parecer que se deparou com um muro de pedra e que aparentemente não há uma saída ali, trate-se para a Inteligência. Se precisar lidar com alguém que parece ser muito burro ou tolo, perceba que a Inteligência Divina age nele porque é filho de Deus e, se você obtiver percepção suficiente, ele mudará para melhor. Às vezes acontece que é você a

Mude sua vida

pessoa que está falhando, embora não tenha a mais leve suspeita disso, e, nesse caso, você enxergará a sua falha e se modificará.

Crianças e jovens reagem com muita presteza a um tratamento para a Inteligência. Se você está interessado numa criança que está na escola ou num jovem que frequenta a universidade, trate-os várias vezes por semana para a Inteligência, e ficará surpreso ao ver como farão progresso nos estudos. Lembre-se também do fato maravilhoso de que, quando você trata alguém (até de si mesmo) espiritualmente, o resultado desse tratamento permanecerá com o paciente não apenas no momento, mas pelo resto da sua vida. Se você tratar o pequeno Carlinhos para a Inteligência hoje, o seu rendimento escolar aumentará muitíssimo e, daqui a cinquenta anos, quando for um homem de 60, ele será mais inteligente e, portanto, mais feliz e bem-sucedido por causa do tratamento de hoje.

Se é comerciante, trate a si mesmo e a seus ajudantes para a Inteligência diversas vezes por semana. Algumas pessoas têm por hábito abençoar a loja ou o escritório todas as manhãs logo que chegam ao trabalho, e com isso têm obtido resultados esplêndidos.

O aspecto de Inteligência de Deus é muito importante na sua relação com a saúde do corpo. Não seria um procedimento inteligente fazer um corpo que pudesse ser ferido ou danificado com facilidade, ou que ficasse velho em apenas setenta ou oitenta anos de uso. Tampouco seria inteligente dar ao homem sentidos como a visão e a audição para falharem muito tempo antes de se tornarem desnecessários. Contudo, a mente carnal crê nessas coisas, e assim o corpo das mulheres e dos homens experimenta decadência no decurso daquilo que é chamado de velhice. Seus ouvidos, olhos e dentes passam a faltar-lhes, e a morte acaba sobrevindo. Quando a raça humana perceber com suficiente clareza que Deus é Inteligência, a "crença na velhice" será sobrepujada.

Sabemos que orar é pensar em Deus, mas, para pensar Nele, é preciso ter certa dose de conhecimento a Seu respeito, e é isso o que fornecem esses aspectos principais. Eles nos permitem pensar em Deus de maneira inteligente. Ao se fixar num desses aspectos, você está desenvolvendo em si mesmo essa qualidade. Ao pensar nesse aspecto em relação a outra pessoa, você desenvolve nela essa qualidade. Pensar em Deus como Amor faz com que você se torne mais amoroso, e ainda o livra de certa quantidade de crítica, ressentimento e condenação. Pensar em Deus como Vida melhora a sua saúde, dá-lhe mais energia, e assim por diante. Quando lhe surgir alguma espécie de dificuldade, tente perceber o aspecto principal que represente justamente o oposto. Desse modo, você tem percepção do Amor para superar o medo ou a raiva; da Vida, para curar a doença; da Verdade, para pôr a nu a falsidade, e assim por diante.

O QUINTO ASPECTO PRINCIPAL de Deus é a Alma, com A maiúsculo. Não confundir com a alma com *a* minúsculo, que é aquilo que a psicologia moderna chama de psique, e é um outro nome para a mente humana, que consiste em nosso intelecto e nossos sentimentos.*

Alma é aquele aspecto de Deus pelo qual Ele é capaz de Se *individualizar*. A palavra "indivíduo" significa indiviso. A maioria das pessoas pensa que significa exatamente o contrário. Para elas, a palavra

---

* Ver Capítulo "Os Quatro Cavaleiros do Apocalipse".

Mude sua vida

sugere separação, isolamento, mas estão enganadas. Indivíduo quer dizer indiviso, e Deus tem o poder de Se *individualizar* sem dividir-se em partes.

Deus Se individualiza como Homem e, portanto, você é realmente uma individualização de Deus. Deus pode individualizar-Se num número infinito de seres distintos, ou unidades de consciência, e, no entanto, não ser distinto de maneira alguma. Apenas Deus pode fazer isso, porque é espírito. A matéria não pode ser individualizada, mas apenas dividida. Assim, se você rasgasse metade da página deste livro, e depois a rasgasse em pedacinhos, teria dividido a página. O restante da página seria menor por causa da parte que faltaria, e a página inteira seria a soma de todos os fragmentos. Isso é divisão, não é individualização. O espírito, todavia, pode ser individualizado, e essa possibilidade é o aspecto de Deus a que chamamos Alma.

Esta será uma ideia de todo nova para a maioria das pessoas (nosso treinamento habitual nos prepara para compreender apenas a matéria) e, portanto, é preciso que você reflita nela muitas vezes até estar consciente de que a entendeu.

Desse modo, o seu verdadeiro eu, o Cristo interior, o homem espiritual, o Eu Sou, ou a centelha divina, como tem sido chamado, é uma individualização de Deus. *Você é a presença de Deus no ponto em que está.* Isso não quer dizer que você seja um Deus pequeno, absurdo e pessoal. Você é uma individualização do primeiro e único Deus.* O homem pode muito bem ser comparado a uma lâmpada elétrica.

---

* João 10,34.

A corrente elétrica está presente em todas as partes do circuito, mas brilha ou, figuradamente, torna-se consciente de si mesma na lâmpada.

Assim, a Mente Divina se torna consciente de si mesma em você, e é isso o que você é. Jesus, que pregou às pessoas numa terra de vinhedos, disse: "Eu sou a videira; vós, os ramos."* É evidente que a vida nos ramos é a vida comum a toda a videira expressa naquele local determinado, e um ramo, se for separado da videira-mãe, morre. Bem, o Homem não pode ser separado de Deus em realidade, mas pode ser separado em crença humana, e quando a crença na separação ocorre, a crença na morte se segue, num grau maior ou menor. Os graus menores são o que chamamos de doença, depressão, desânimo e velhice. No grau maior, torna-se a própria crença na morte, quando perdemos por completo o corpo e desaparecemos deste plano, deixando o corpo para trás. O pensamento de morte é, na verdade, uma carga de medo extremamente aguda.

Advirto o leitor de que este não é um assunto que se domine com facilidade. Muitas releituras dele e orações pelo esclarecimento serão necessárias para que haja uma compreensão total, devendo-se estar atento para não tirar conclusões apressadas.

Perceber, até certo nível, que você é uma individualização de Deus não poderia torná-lo egoísta nem vaidoso. Pelo contrário, isso lhe proporcionaria a verdadeira humildade e, ao mesmo tempo, a verdadeira autoconfiança — e, na realidade, é a única trilha para se chegar à superação do medo.

---

* João 15,5.

Mude sua vida

Alguns dos antigos egípcios se referiam ao Homem como um raio de sol, e a mesma ideia parece ter ocorrido a certos aborígenes americanos. Essa ideia é maravilhosa e expressa belamente a verdade. Se você trabalhar com regularidade, percebendo essa unidade com Deus, mudará para melhor, para além do reconhecimento. Seu corpo e sua mente mal serão reconhecíveis. As pessoas dirão que não pode ser você — deve ser um irmão mais moço, e bem melhor que o mais velho! Por outro lado, se pensar de modo negativo a seu próprio respeito, se acreditar que é um pecador desgraçado e continuar repetindo tal coisa, essa será a melhor maneira de você se tornar, de fato, um desgraçado pecador.

O aspecto de Deus como Alma é aquele que você deve perceber quando é chamado para realizar alguma tarefa ou incumbir-se de alguma responsabilidade que parece grande demais para a sua capacidade. Por exemplo, um vendedor numa loja pode ser chamado, de repente, para substituir o gerente, talvez em caráter permanente, e sente medo porque acha que não está à altura do cargo. Ou, num navio em alto-mar, um oficial subalterno poderá ser chamado de repente para assumir o comando da embarcação devido a uma série de acidentes. Em ambos os casos, a pessoa interessada deve trabalhar no aspecto de Deus como Alma, percebendo que ela, como pessoa, é uma individualização de Deus e que, portanto, Deus trabalha por intermédio dela. Se isso ficar bastante claro para ela, a pessoa se surpreenderá ao ver como tudo correrá bem, e ela própria terá tido acesso, de modo permanente, a uma categoria de trabalho mais elevada.

Quando perceber que você e Deus são um só, a tarefa se torna "*Nosso* problema", em vez de "*meu* problema", pois Deus é seu parceiro. É claro que, quando você entra nessa parceria, é parte essencial do contrato o fato de que você deve praticar a Regra de Ouro. Todas as pessoas com quem lidar devem ter um tratamento justo, o que significa tratá-las exatamente como gostaria que elas o tratassem se as posições estivessem invertidas.

Os dedos do grande pianista não trabalham por conta própria, digamos assim. Seus dedos não são independentes, fazem parte dele. Expressam o pianista no teclado, e não têm de se dar ao trabalho de pensar qual nota deverão tocar ou ficar se perguntando se serão capazes de tocá-la Sabem que se encontrarão tocando as notas certas, porque o mestre toca por intermédio deles ou por meio deles. Deus é Deus, e houve quem dissesse, muito apropriadamente: "O homem é o que medeia."

O SEXTO ASPECTO PRINCIPAL de Deus é o Espírito. Deus é Espírito.* Sabemos que Deus é Espírito, mas o que significa isso? Bem, Espírito é aquilo que não pode ser destruído, danificado, ferido, degradado ou maculado de forma alguma. O espírito não pode deteriorar-se. Não pode ficar velho nem cansado. Não pode conhecer o pecado, a condenação, o ressentimento ou o desapontamento. É o oposto da matéria. A matéria está sempre se deteriorando. Enquanto você permanece sentado lendo esta página, o livro, na verdade, vai se desgastando. As roupas que veste estão se desgastando. O prédio no qual se encontra sentado está se desgastando, seu próprio corpo está se desgastando...

---

*João 4,24.

Mude sua vida

e algum dia tudo isso será pó. É verdade que levará muito tempo, segundo os nossos padrões, para que tais coisas aconteçam, mas elas acontecerão. Houve época em que, na África e na Ásia, floresciam grandes cidades com edificações imponentes e monumentos esplêndidos, cidades que desapareceram sem deixar vestígios, pois se fundiram com as areias do deserto. Isso é inevitável porque a matéria está sempre se desgastando. "Nasce como a flor, e murcha; foge como a sombra, e não permanece."*

Na verdade, isso é uma coisa esplêndida, pois significa que o mundo está sendo constantemente renovado. É maravilhoso que as coisas velhas devam desaparecer para que coisas mais novas, limpas e melhores possam tomar seu lugar. Se a roupa não se gastasse, muita gente continuaria a usá-la durante muitos anos, até que ela ficasse saturada de poeira. Em vez disso, compramos roupas novas a intervalos frequentes. Se os automóveis não se gastassem, ainda poderíamos estar usando os modelos de trinta anos atrás. Jamais devemos nos apegar mentalmente aos objetos materiais, mas estar sempre prontos a renová-los, melhorando-os. O capítulo de Jó citado antes é uma expressão da visão humana limitada a respeito desses assuntos, atitude mental que era a causa real das dificuldades de Jó.

A matéria se desgasta, mas o Espírito não, porque este é *substância*. Herbert Spencer define substância como aquilo que não está sujeito a discordância ou decomposição. Segundo o dicionário: "Aquilo que fundamenta todas as manifestações exteriores... essência ou natureza

---

*Jó 14,2.

real e imutável; aquilo em que residem as qualidades; aquilo que constitui qualquer coisa que exista." Tudo isso só se pode aplicar a coisas espirituais.

Você é Espírito. O seu corpo é espiritual, mas você é Espírito. O Espírito não pode morrer e jamais nasceu. O seu verdadeiro eu jamais nasceu e jamais morrerá. Você é Espírito eterno, divino, imutável em sua verdadeira natureza. O universo inteiro é uma criação espiritual, porém nós o enxergamos de forma limitada, que conhecemos como matéria. Você já deve ter visto uma janela feita de vidro canelado e sabe que, se olhar para a rua através dela, tudo se apresentará deformado. Os transeuntes e automóveis aparecerão torcidos e deformados de maneira absurda e feia. Apesar disso, você sabe que essas coisas não são assim, na verdade, e que a deformação deriva do fato de você as estar vendo erradamente. Da mesma forma os danos, a decomposição, o pecado, a doença e a morte e tudo aquilo a que chamamos de "matéria" procedem da nossa maneira falsa de ver. Nossa visão falsa faz com que nos conheçamos apenas entre um nascimento aparente e uma morte aparente, mas isso também é uma ilusão. Essa visão deformada do Espírito é, na realidade, o que conhecemos como "matéria". A Bíblia se refere a essa deformação como a mente carnal. Eucken diz que "a realidade é um mundo espiritual independente, não-condicionado pelo mundo aparente dos sentidos" — e isso é substância.

A matéria é irreal no sentido filosófico. Não é, claro, alucinação, mas também não é a coisa externa e separada que parece ser. A vida é um estado de consciência, e o mundo que vemos à nossa volta é par-

Mude sua vida

te de nossa consciência. Temos consciência de certos objetos e certos acontecimentos, porém essas são experiências mentais, embora inadvertidamente nós lhes conferimos existência objetiva.

É frequente que os objetivos materiais pareçam ser muito belos. A beleza da natureza e a da arte são familiares a todos nós, mas na realidade ela é o Espírito da Verdade que transparece, mas não decorre da matéria. Quanto mais fino o véu da matéria, mais beleza vemos, e quanto mais espesso o véu da matéria, menos beleza vemos. Numa bela paisagem, o véu da matéria (a limitação em nosso pensamento) é comparativamente fino, e numa favela feia é comparativamente espesso, mas essa é a única diferença. Toda a beleza, todo o bem, toda a alegria são a Presença de Deus percebida por intermédio do véu da matéria.

O momento de perceber o aspecto de Deus como Espírito é quando algo parece estar danificado, maculado ou decomposto. Se você puder encontrar a presença do Espírito onde parece estar o problema, a condição nefasta começará a melhorar e, se sua percepção for bastante clara, a condição ficará totalmente curada.

Quando Jesus viu o homem com a mão mirrada, percebeu que, em Verdade, a mão era espiritual — e a mão se curou. Quando se dizia que Lázaro estava morto, Jesus percebeu que o verdadeiro homem é Espírito e não morre — e Lázaro apareceu vivo.

Quando você perceber que determinada coisa não é, na realidade, matéria, mas uma ideia espiritual vista de maneira limitada, a "coisa" se modifica para melhor. Não importa que seja uma coisa viva como uma parte de seu corpo, um animal ou uma planta, ou algo a que damos o nome de objeto inanimado: a lei é a mesma. Os chamados objetos inanimados são, em verdade, ideias espirituais. Uma mesa, uma cadeira, seu relógio, seus sapatos, sua casa, uma ponte — todos são ideias espirituais vistas da maneira limitada (nublada) a que chamamos matéria. *Você* não é uma ideia espiritual: é uma individualização de Deus, mas as cosias são ideias espirituais, grandes ou pequenas. Um animal é um maravilhoso agrupamento das ideias de Deus em que a Inteligência é o componente principal, mas não é uma individualização.

Se você teve dificuldade em acompanhar estas últimas páginas, ignore-as por enquanto e estude o restante deste capítulo. Mais cedo ou mais tarde, passará a enxergar essas coisas com clareza, por si mesmo. Não teorize demais sobre o assunto, mas faça algumas experiências práticas. Quando algo apresentar dificuldades, afirme e tente perceber que, na realidade, se trata de uma ideia espiritual — e verifique o que acontece. Se um automóvel, ou qualquer outro tipo de mecanismo, estiver dando problemas, experimente tratá-lo. Sei que isso vai parecer fantástico para quem não está familiarizado com a lei espiritual. Por isso eu digo: Não seja obstinado, *experimente*.

O SÉTIMO ASPECTO PRINCIPAL de Deus é o Princípio, e este é, provavelmente, o menos compreendido de todos. As pessoas, normalmente, não pensam em Deus como Princípio, mas é isso que Ele é. Que significa a palavra "princípio"?

Bem, consideremos alguns dos princípios em geral aceitos. "A água busca o seu próprio nível." Isso é um princípio. Não é uma gota d'água determinada nem o curso tomado por essa gota em determinada locali-

Mude sua vida

dade, digamos, a passagem de uma gota d'água do reservatório até a bica de sua casa na cidade. Trata-se de um princípio geral que se aplica a toda a água, em qualquer parte da Terra. Não é uma ação particular. É um princípio.

Vejamos outro princípio: "A matéria se expande quando aquecida." Como isso é um princípio, é verdadeiro em qualquer tempo e em qualquer circunstância. Aqueça uma peça de aço e ela se expandirá, não importa em que país esteja, a quem pertença, ou com que finalidade esteja sendo usada. O princípio da expansão pode ajudar um mecanismo a funcionar adequadamente se este for bem projetado, ou pode destruí-lo, caso contrário, mas o princípio é imutável. Repetimos que esse princípio não é uma ação. Não é o aço nem o processo da expansão em si; é o fato de que a matéria se expande sob a ação do calor.

Consideremos ainda outro princípio: "A soma dos ângulos de qualquer triângulo é sempre igual a 180°." Não importa que tipo de triângulo se considere; contanto que *seja* um triângulo, o princípio existe. Tamanho ou material não faz diferença. A área do triângulo pode ter um centímetro quadrado ou um milhão de metros quadrados, o princípio é o mesmo. O triângulo pode estar disposto horizontal ou verticalmente, ou em qualquer plano, o princípio permanece.

Esses princípios, repito, eram verdadeiros há um bilhão de anos e serão verdadeiros daqui a um bilhão de anos. Não podem mudar e não mudam, pois um princípio não muda.

Deus é o princípio da harmonia perfeita e Ele não muda; portanto, a harmonia perfeita é a natureza da Sua criação. A prece é atendida porque Deus é princípio e, quando oramos de maneira correta, entrosamo-nos harmonicamente com a Lei da Existência. A Oração Científica não tenta modificar a Lei. Não tenta abrir exceções a nosso favor. Não pede a Deus que modifique as leis da natureza para nossa conveniência temporária, mas nos sintoniza com o Princípio Divino. E, então, vemos que as coisas dão certo.

Se você tem um rádio e quer ouvir o programa da rádio WJZ, então você sintoniza a emissora. Não espera captar aquele programa na WABC. Enquanto está sintonizado com a estação errada, não espera escutar o programa certo, nem suplica a Deus que troque os programas de emissora para agradá-lo. Tampouco chora ou arranca os cabelos. Altera a sintonia do seu aparelho até ficar sincronizado com a estação que deseja. Temos problemas e dificuldades porque saímos da sintonia mental com Deus, ou o Princípio Divino da nossa existência, e nossa única solução é voltar a entrar em sintonia. Se Deus fosse abrir exceções por estarmos em grandes dificuldades (o que, devido à Sua natureza, nunca poderia fazer), nós jamais saberíamos onde estávamos pisando. Se a lei da gravidade não funcionasse em determinados dias, digamos às terças-feiras, ou se ela fosse ocasionalmente suspensa sem aviso prévio, digamos, porque um homem muito importante tivesse caído do telhado, você sabe o que aconteceria ao mundo. Além de alguma coisa mais, viveríamos confusos porque nunca saberíamos o que esperar. Porém, a lei da gravidade jamais cessa de funcionar, pois se trata de um princípio.

Você pode estar achando que esse fato é limitante, ou mesmo deprimente; pelo contrário, ele é encorajador ao extremo, porque, como o princípio não consegue mudar, você sabe que sempre fará sua de-

Mude sua vida

monstração se puder atingir um nível suficientemente alto de consciência. Se elevar sua consciência e, ainda assim, não obtiver sua cura ou liberdade, então isso só poderá significar que o Princípio se rompeu — porém, você sabe que isso não pode acontecer, portanto é apenas uma questão de prece ou tratamento suficientes, e a sua dificuldade, seja ela qual for, cederá.

Deus é Princípio, o Princípio da perfeita harmonia, e, portanto, *a harmonia perfeita é a Lei da Existência*. Observe que essa sentença em si é um tratamento muito poderoso.

Este aspecto de Deus, a saber, o Princípio, pode ser usado a qualquer hora, mas é útil em especial quando você se sente desanimado com relação a suas preces, ou em casos em que parece haver grande dose de má vontade ou preconceito envolvidos. Em outros casos em que parece haver algum sentimento de vingança ou despeito, essas coisas se desfarão ante a percepção de que o Princípio Divino é o único poder que existe, e que simplesmente não há falsa personalidade que pense um mal desse tipo.

Esses são os sete aspectos principais de Deus, e nós os consideramos em separado, um de cada vez; porém, é claro, Deus os tem a todos, o tempo todo, e não se pode, de fato, isolá-los uns dos outros. Como exemplo, sabemos que a rosa tem cor — vermelho. Tem peso — tantos gramas. Tem formato. Tem fragrância — um cheiro. Eis aqui quatro coisas diferentes, cor, peso, formato e fragrância, e nós as determinamos e falamos delas em separado, a fim de compreender totalmente a rosa. Porém, a rosa as tem todas ao mesmo tempo e o tempo todo. Do mesmo modo, estes sete aspectos principais coexistem em Deus o tempo todo. Na prática, muitas vezes é melhor lidar com determinado problema percebendo dois ou mais desses aspectos. Em caso de dúvida, assevere, tranquilo, que Deus está pensando por meio de você. *Deus pensa por meio do homem — Deus pensa por intermédio de mim* é uma das melhores afirmações que você pode usar a qualquer hora.

Cada um dos sete aspectos principais é uma qualidade distinta como os elementos em química. Um elemento químico, como você sabe, é apenas ele próprio e nada mais. O oxigênio é um elemento porque não há nada nele exceto oxigênio; o hidrogênio é um elemento, pois não há nada nele exceto hidrogênio. A água, por outro lado, é um composto, uma combinação de hidrogênio e oxigênio, tal como são compostos o aço e o ácido sulfúrico, para citarmos outros exemplos. Existem muitos atributos de Deus, tais como a sabedoria, a beleza, a alegria, e assim por diante, porém são compostos, formados por dois ou mais dos sete aspectos principais. A sabedoria, por exemplo, é o equilíbrio perfeito entre a Inteligência e o Amor. Não é um elemento. Se tivesse a Inteligência sem Amor, você poderia ter, ao menos por algum tempo, a maldade engenhosamente organizada. O tradicional Satã é um exemplo desse caso. Sempre lhe creditam uma extrema inteligência na promoção de suas tramas. Quando se tem Amor sem Inteligência, o resultado é uma insensatez sem limites. A criança mimada é o exemplo mais evidente desse perigo. O pai (ou a mãe) está cheio de Amor, mas falta-lhe a Inteligência, e assim ele estraga a criança com mimos e faz dela um estorvo para si e para os que a cercam.

A beleza é um atributo de Deus e o perfeito equilíbrio da Vida, da Verdade e do Amor. Em qualquer verdadeira obra de arte, seja ela um

Mude sua vida

quadro, um prédio, uma composição musical, ou o que lhe aprouver, você verá que esses três aspectos estão equilibrados. É frequente nos depararmos com uma obra de arte que admiramos, mas que, de certa forma, achamos que não está realmente completa. Uma análise cuidadosa mostrará que um desses aspectos está faltando, ou não está representado de modo suficiente.

Em certo sentido, poder-se-á dizer que os três primeiros aspectos são os mais fundamentais, e que são representados pelas três cores primárias — amarelo para a Vida, azul para a Verdade e vermelho para o Amor. Essa não é uma disposição arbitrária; tem uma base metafísica, e se você está interessado nesta fase da Verdade, pode fazer um tratamento para inspiração neste assunto.

Quando você se der conta de que todo o universo não passa de uma rede de pensamentos e que, na verdade, o homem não pode conhecer nada além dos próprios estados de espírito, verá que tem de haver todo o tipo de relacionamentos e interdependências insuspeitos entre coisas aparentemente não-relacionadas no mundo exterior: "Não podeis colher uma flor sem que uma estrela trema."

Existem dois sinônimos para a palavra de Deus — Mente e Causa. Esses não são "aspectos" de Deus, mas sinônimos. Cada uma dessas palavras significa exatamente a mesma coisa que a palavra Deus em si. Deus é o nome religioso para o Criador de todas as coisas. Mente é o nome metafísico, e Causa é o nome das ciências naturais para Deus. Qualquer coisa que tenha existência real é uma ideia na Mente Única. Essa é a interpretação metafísica do universo. Do ponto de vista das ciências naturais, podemos dizer que toda a criação é o resultado ou efeito de uma Causa (Deus) e que não existem causas secundárias. Agora, uma causa não pode ser conhecida diretamente. Pode ser conhecida apenas por seu efeito, e assim o universo é a manifestação ou o efeito da Causa ou Deus, e, como Deus é bom, também ele deve ser.

Reflita sobre esses aspectos principais todos os dias. Se você costuma pensar com rapidez, reflita sobre eles diversas vezes. Se pensa devagar, reflita sobre eles uma ou duas vezes. Não há vantagem especial alguma em se pensar rápida ou lentamente — é apenas uma questão de temperamento, e tanto uma coisa quanto a outra podem realizar o mesmo trabalho. Assevere que compreende cada um dos aspectos principais e que os expressa. Uma prática excelente é utilizar o Cartão do Amor Divino para cada aspecto, trocando a palavra "Amor" pela do aspecto em que estiver trabalhando no momento.

Faça a sua vida valer a pena

Você já se deu conta de que existe, ao nosso redor, um reino de poder infinito para cuja exploração, em nosso próprio proveito, podemos nos exercitar a qualquer hora? Esse poder nos cerca como acontece com a atmosfera, e, tal qual a atmosfera, ele pertence a todos, e está à disposição de cada um para qualquer boa finalidade. Esse Poder, que é a fonte real de tudo que existe, precisa apenas ser conscientemente contatado para fluir para o seu ser, para transformar-se em saúde, em verdadeira prosperidade, em inspiração ou qualquer outra coisa de que esteja precisando. Esse Poder é bastante impessoal, em si, mas está sempre buscando uma oportunidade de se expressar mediante determinadas personalidades, por meio de mim ou de você, se nós assim o permitirmos.

Todos nós permitimos isso às vezes, embora muito raramente, na maioria dos casos. Sem a menor compreensão do que estamos fazendo — uma vez na vida outra na morte —, damos a esse poder uma chance de "se sair bem", e depois dizemos que tivemos uma ideia esplêndida, vinda não sabemos de onde; ou que estamos nos sentindo tão maravilhosamente bem hoje, não sabemos por que, e que fizemos o triplo do trabalho que costumamos fazer; ou que tudo parece estar dando certo na nossa vida; ou que tivemos uma excelente parcela de "sorte". Bem, o que de fato aconteceu, em cada um desses casos, é que, seja lá por que motivo for, fizemos contato com o Poder Universal por um breve período de tempo.

Mas não há motivo algum pelo qual não possamos aprender a entrar em contato com esse Poder a qualquer momento, sempre que quisermos, e não apenas muito ocasionalmente e ao sabor do acaso. Não existe motivo algum pelo qual não possamos exercitar-nos no sentido de que ele trabalhe para nós — ou por nós — todos os dias da semana. Não há razão para que não permitamos que ele crie corpos saudáveis e belos para nós. Não há motivo para que não permitamos que ele supere as nossas dificuldades, apague nossos erros — pois também é capaz de fazer isso —, dê-nos ideias novas e originais para nosso trabalho ou nosso lar; para que, na verdade, não tornemos possível a esse Poder transformar nossa vida nas coisas belas e alegres que a Providência tencionou que fossem.

Em outras palavras, não há motivo pelo qual cada homem e cada mulher não possam ser transformados naquilo que, em geral, é chamado de gênio — um gênio de qualquer tipo, tanto nas ciências naturais quanto na literatura, na arte, na música, na engenharia ou nos negócios. Não se engane quanto aos negócios. O mundo dos negócios precisa de gênios tanto quanto qualquer uma das artes. Um homem que tem ideias novas e práticas, que cria uma organização empresarial

Mude sua vida

grande e bem-sucedida, servindo ao público e dando emprego a muita gente, é um valor nacional tanto quanto outro gênio em qualquer outro setor.

O que nos acostumamos a chamar de gênio é um homem ou uma mulher que simplesmente *possui* essa faculdade de entrar em contato com o "Grande Poder Universal". Contudo, o que quero ressaltar é que é possível — e até nem chega a ser muito difícil — que a pessoa comum, depois de ter tomado consciência dessa possibilidade, comece a entrar em contato consciente com o Poder e vir a se tornar, gradativamente, um gênio.

Muita gente sempre sentiu, de forma vaga, que algo desse tipo poderia ser possível nas belas-artes, mas agora quero enfatizar o fato de que o grande Poder Vital está pronto a nos ajudar naquilo a que chamamos de assuntos prosaicos e triviais do dia-a-dia. O motivo é que, do ponto de vista do Poder Universal, nada é prosaico, trivial ou mesquinho, contanto que diga respeito à vida dos homens e das mulheres. Emerson disse: "Bem-estar do homem é caro ao coração da Existência" — o que é bastante verdadeiro. O grande Poder Universal está sempre pronto a entrar na sua vida — se você o convidar — a fim de resolver qualquer problema que possa ser importante para você ou para superar a dificuldade que o está preocupando, mesmo que tal dificuldade pareça uma coisa banal para alguém que não se interesse pelo seu bem-estar.

Estou me lembrando neste momento do caso de uma mulher que, há algum tempo, vem ganhando muito bem como desenhista de modas. As suas ideias são tão originais e boas que ela não tem qualquer dificuldade em ganhar um salário altíssimo. Ela gosta de seu trabalho, e não trocaria de lugar, afirma, com qualquer homem ou mulher na Terra. Contudo, ainda há bem poucos anos, ela se encontrava em grande pobreza e, aparentemente, não tinha como prover o seu sustento nem o da mãe, que era sua dependente. Ela começou, então, a tirar um tempinho todos os dias para ficar bem quieta — desviando sua atenção das coisas externas e convidando o Poder para que a conduzisse e inspirasse com a necessária orientação, a fim de que pudesse sair do que lhe parecia ser um beco sem saída.

Ela me contou que nos primeiros dias isso não foi fácil: vivia tão preocupada com os credores que a pressionavam que lhe parecia difícil parar de pensar nos seus problemas, mesmo que fosse por alguns instantes. Contudo, sabia ser absolutamente necessário fazê-lo, e teve êxito após umas poucas tentativas iniciais. O primeiro resultado foi uma notável mudança que se operou em seus sentimentos. Em primeiro lugar, a preocupação e o medo desapareceram; depois ela tomou consciência de uma sensação de poder e adequação para enfrentar seus problemas. Um dia depois disso, quando estava pensando em algo bem diferente, o nome de um conhecido com quem travava relações comerciais veio-lhe de súbito à cabeça, como se alguém, contou ela, o tivesse arremessado sobre ela, qual uma bola de neve. Ela sentiu que essa inspiração não viera "dela mesma". Mas "daquilo", ou seja, do Grande Poder Universal de inteligência e sabedoria. Foi logo procurar a pessoa em questão e, para sua grande surpresa, recebeu no ato uma

Mude sua vida

oferta que, na época, era muito atraente. Achava que não entendia muito de desenho de moda, mas resolveu entregar o problema ao Poder Universal. Continuou a contatar o Poder todos os dias da mesma maneira e, dia após dia, as dificuldades que surgiam eram facilmente contornadas. A seguir, ela começou a dirigir-se à mesma Fonte em busca de ideias originais para usar em seu trabalho. É bom lembrar que, com ela, tudo isso tinha sido mais ou menos uma experiência... e quando as ideias originais começaram também a chegar, sua carreira estava feita.

Certo arquiteto muito bem-sucedido, famoso pela originalidade e brilhantismo do seu trabalho, também tem o hábito de trabalhar dessa maneira. No seu caso, foi uma descoberta original. Ninguém lhe disse nada a respeito — ele próprio deu pela coisa casualmente.

Há também o caso de um advogado famoso por seu trabalho brilhante nos tribunais que deve o seu sucesso, diz ele, quase por completo ao fato de entrar em contato com o Grande Poder em boa parte nesse mesmo sentido. Contou ele que não apenas teve "palpites" de importância vital que lhe permitiram cuidar de casos muitos difíceis, mas que também sua saúde, que parecia ser o principal obstáculo a uma carreira bem-sucedida, foi restabelecida por completo pelo influxo de poder que recebeu durante esses contatos com a Grande Energia Universal. Essa é a sua opinião sincera, e não me cabe pô-la em dúvida.

Esse Poder, essa Energia, existe. É universal, o que significa que está presente em toda parte. Não pertence a ninguém em particular, porque pertence a todos. Está à espera, o tempo todo, que homens e mulheres a invoquem para qualquer finalidade boa na vida. O fato de a maioria das pessoas não desconfiar de sua existência não invalida o fato de que existe. É bom lembrar que quase ninguém, à exceção de um ou dois filósofos, desconfiava da existência da atmosfera, da eletricidade ou da força do vapor, até poucas gerações atrás. E agora essas coisas foram colocadas a serviço do homem e transformaram o mundo. As coisas maravilhosas que nos deram, como o telefone, o avião, o automóvel, já podiam ter existido há centenas ou milhares de anos, porque as leis da Natureza eram, então, as mesmas de agora. Só que as pessoas não sabiam que essas forças existiam, e não as utilizavam. Hoje, o conhecimento da existência dessa força suprema está sendo dado às pessoas e não vai demorar muito, creio eu, para que muitas das limitações e dificuldades que são aceitas com naturalidade no presente passem a ser coisa do passado.

Quero agora sugerir àqueles de vocês que estejam interessados neste artigo que façam uma experiência. Não perca tempo discutindo se algo parece ou não razoável — faça a tentativa. Isole-se alguns minutos por dia durante vários dias; se puder escolher mais ou menos a mesma hora do dia, a cada dia, ainda melhor, mas não é essencial; abandone todas as suas preocupações no momento; isto é absolutamente essencial; relaxe o corpo e convide, discretamente, o Grande Poder Universal a entrar em sua mente e a dotá-lo da coisa de que você mais estiver precisando — seja saúde, orientação, alguma informação referente a determinado assunto, emprego, dinheiro, ou o que for.

Mude sua vida

Porém, em hipótese alguma, você deve dar instruções ao Poder, porque ele não as aceitará e, caso tente forçá-lo, nada acontecerá. Seja receptivo. Seja aberto. Seja humilde. Não se mostre impaciente. E você verá que Algo extraordinário acontecerá.

Como obter uma demonstração

Eis aqui uma maneira de resolver um problema pela Oração Científica, ou, como se diz em metafísica, de obter uma demonstração.

Isole-se e fique quieto por alguns momentos. Isso é muito importante. Não se esforce para pensar de modo correto, para achar o pensamento certo etc. Simplesmente fique quieto. Lembre-se de que a Bíblia diz: *Aquietai-vos, e sabei que sou Deus.*

A seguir, comece a pensar em Deus. Lembre-se de algumas coisas que conhece a Seu respeito — que Ele está presente em toda a parte, que tem todo o poder, que o conhece e o ama e Se interessa por você, e assim por diante. Leia alguns versículos da Bíblia, ou um parágrafo de algum livro espiritual que o ajude.

Durante esse estágio, é importante não pensar no seu problema, mas *dar a sua atenção a Deus*. Em outras palavras, não tente resolver o seu problema de maneira direta (o que seria usar de força de vontade), mas fique interessado em pensar na Natureza de Deus.

A seguir, reivindique o que está precisando — uma cura, algum bem particular que lhe falte. Reivindique serena e confiantemente, como pediria alguma coisa a que tem direito.

Dê graças pelo fato realizado, como faria se alguém lhe entregasse um presente. Jesus disse que, quando rezar, você deve acreditar que vai receber e, de fato, receberá.

Não discuta o seu tratamento com ninguém.

Tente não ficar tenso ou apressado. *A tensão e a pressa adiam a demonstração.* Você sabe que, se tentar destrancar às pressas uma porta, a chave, em geral, emperra na fechadura, ao passo que, se fizer isso devagar, é raro que tal aconteça. Se a chave ficar presa, o que se tem a fazer é parar de fazer força, respirar fundo e soltá-la com suavidade. Empurrar com força e vontade só servirá para emperrar totalmente a fechadura. O mesmo ocorre com o trabalho mental.

Na serenidade e confiança, estará a sua força.

Mantenha-se no feixe direcional

Hoje em dia a maior parte dos voos comerciais é feita por meio de um feixe direcional. Esse feixe é produzido para guiar o piloto até seu destino. E ele sabe que está seguro enquanto se mantiver nele, mesmo que não consiga enxergar na neblina ou orientar-se de outra maneira qualquer.

Assim que se afasta do feixe, em qualquer direção, o piloto se encontra em perigo, e imediatamente procura retornar a ele.

Aqueles que acreditam na Plenitude de Deus têm um feixe direcional espiritual por meio do qual se orientarão na viagem da vida.

Enquanto tiver paz de espírito e certo sentido da Presença de Deus, você se manterá no feixe e estará seguro mesmo que as coisas exteriores pareçam confusas ou muito sombrias. Mas, tão logo se afaste do feixe, estará em perigo.

Você se encontra fora do feixe no momento em que fica *zangado, ressentido, invejoso, amedrontado* ou *deprimido*. Quando se acha em qualquer desses estados, deve retornar logo ao feixe direcional e voltar com serenidade seu pensamento para Deus, requerendo Sua Presença e afirmando que Seu Amor e Sua Inteligência estão com você, e que as promessas da Bíblia são verdadeiras hoje. Se o fizer, terá voltado ao feixe, mesmo que as condições externas e seus próprios sentimentos não se modifiquem de imediato. Você está de volta ao feixe e chegará a seu destino em segurança.

Mantenha-se no feixe direcional e nada poderá feri-lo de modo algum.

A magia do dízimo

Tantas indagações foram feitas recentemente sobre o dízimo, e parece existir tanta confusão na cabeça das pessoas no que lhe diz respeito, que me parece que alguns comentários sobre o assunto serão úteis no momento.

A prática do dízimo tem sido um hábito perpétuo para muitos estudantes da Verdade. Tornou-se, para eles, uma parte tão regular do seu esquema de vida que eles pensam de modo natural no seu dinheiro como apenas noventa por cento daquilo que constitui sua renda líquida. Separam, automaticamente, os dez por cento que pertencem a Deus e sequer sonham em mexer neles. Fazem isso de modo inteligente, ou seja, por princípio, e pela única razão de terem percebido ser este o caminho certo e apropriado. O resultado infalível dessa prática é que essas pessoas estão sempre livres de dificuldades financeiras. Embora possam ter outros problemas, nunca passam necessidades, nunca lhes falta a prosperidade material. Cumprem a lei e, inevitavelmente, demonstram o resultado.

Hoje em dia, tal fato está se tornando bastante difundido, mas o que parece não estar sendo compreendido por todos é o Princípio

Espiritual que o fundamenta. Recebemos todo tipo de perguntas sobre como se deve cumprir o dízimo — em que circunstâncias deve ou não ser praticado; que dinheiro deve ou não ser dado; de que maneira o dízimo deve ser partilhado; se a prática do dízimo é, de fato, uma receita infalível para se enriquecer, e assim por diante.

A verdade sobre o dízimo é que aqueles que separam dez por cento da sua renda líquida para o serviço de Deus — não com o motivo primordial de receber, mas simplesmente porque acham que é a coisa certa a se fazer — na verdade descobrem que sua prosperidade aumenta a passos largos, até que todo o medo da pobreza desaparece, enquanto aqueles que separam o dízimo porque no íntimo o consideram um bom investimento, esperando ou desejando receber de volta bem mais do que deram, com certeza ficarão desapontados e, do seu ponto de vista, estão desperdiçando dinheiro.

A prática do dízimo é aconselhada de maneira definitiva em numerosos trechos da Bíblia, e em todas as épocas sempre houve muitos crentes no verdadeiro Deus que fizeram desse hábito a pedra angular de sua vida — e que construíram sobre essa pedra um edifício de prosperidade que lhes assegurou a despreocupação com os cuidados materiais, tão essencial ao desenvolvimento da alma.

"Trazei todos os dízimos à casa do tesouro, para que haja mantimento na minha casa, e provai-me nisto, diz o Senhor dos Exércitos, se eu não vos abrir as janelas dos céus, e não derramar sobre vós bênçãos sem medida." (Malaquias 3,10.)

É voz corrente que muitos dos mais bem-sucedidos empresários de hoje, grandes industriais, capitães de indústria, como são chamados,

Mude sua vida

atribuem seu sucesso — com razão — ao fato de terem formado este hábito na juventude e de o haverem conservado. Milhares de estudantes da Verdade saíram de uma pobreza de longa data, e que parecia permanente, para a segurança e o conforto pela prática do dízimo, e outros milhares estão fazendo o mesmo hoje em dia.

"Também todas os dízimos da terra, tanto do grão do campo como do fruto das árvores, são do Senhor: santos são ao Senhor." (Levítico 27,30.)

"Honra ao Senhor com os teus bens, e com as primícias de toda a tua renda; e se encherão fartamente os teus celeiros, e transbordarão de vinho os teus lugares." (Provérbios 3,9-10.)

Jacó, depois de ter recebido a visão que lhe dizia que existe uma escada mística que vai da Terra até o Céu — a escada da Oração Científica e da atividade justa —, resolveu, na hora, adotar a prática do dízimo, dando-se conta de que:

"Deus estará comigo e me conservará neste caminho em que estou e me dará pão para comer e trajes para vestir, para que volte em paz à casa de meu pai."

O segredo de demonstrar prosperidade no caminho espiritual — e a sua prosperidade jamais poderá estar segura em outra base — é compreender, isto é, saber até o nível da percepção que a primeira e única fonte de seus suprimentos é Deus, e que seus negócios ou emprego, seus investimentos, clientes ou fregueses, são apenas o canal particular pelo qual esses suprimentos estão chegando às suas mãos neste momento, vindos de Deus. A prática do dízimo com o motivo certo, a saber, espiritual, é na verdade a prova concreta de que você aceitou essa posição, e a consequência invariável dessa aceitação é a prosperidade. É bem fácil agora enxergar a diferença entre esta, a prática espiritual, e a prática material e inútil de separar a décima parte, muitas vezes de má vontade, na esperança de fazer um bom investimento. Como expressão daquilo que sentimos ser justiça espiritual, o dízimo é um êxito inevitável. Como investimento egoísta, está fadado ao fracasso.

Tendo sido aceito o princípio do dízimo, a pergunta agora é sobre o que deve ser feito com ele. Segundo a maneira como é encarado pela Ciência Divina, o dízimo não inclui caridade geral ou doação material. Dedica-se à difusão do conhecimento da Verdade sob uma ou outra forma, dando geralmente apoio às instituições ou atividades que servem a este fim. Quem entende a ideia Espiritual sabe que a primeira e única coisa de que o mundo necessita para se libertar de suas dificuldades é o conhecimento da Verdade Espiritual; que, até que um homem atinja esse conhecimento, nenhuma outra coisa o beneficiará de fato; que, até que esse conhecimento se torne geral, nenhuma quantidade de aprendizado secular, nenhuma descoberta científica, nenhum plano de reforma social, nenhuma quantidade de reconstrução política pode fazer algum bem efetivo; e que, tão logo esse conhecimento se torne geral, todos os problemas políticos e sociais se ajustarão automaticamente, e todas as formas de caridade e patrocínio se tornarão desnecessárias. Sabemos que, como possuidores do conhecimento da Verdade da Existência, somos nada menos do que curadores da humanidade. Aqueles que não detêm tal conhecimento continuarão a doar o seu dinheiro para a promoção de boas

Mude sua vida

obras, em geral, porém, sabemos que nosso dever primeiro é a disseminação da Verdade.

"Conhecereis a Verdade e a Verdade vos libertará."

Fixar a quantia do dízimo é algo muito simples. Não significa, como supunha um estudante, um décimo da quantia que ele conseguia economizar a cada mês. Significa um décimo da sua renda total. Um comerciante deduzirá, claro, os seus custos antes de anotar a renda líquida, mas é sobre a renda líquida total, antes que se abata qualquer despesa pessoal ou fixa, que ele calculará o seu dízimo. Quem recebe salário recebe a sua renda líquida diretamente, mas somará a esta qualquer dividendo que receba de investimentos, e assim por diante.

É desnecessário dizer que não há a menor obrigação para que alguém pague o dízimo antes de ter chegado ao nível de consciência em que isso é uma opção sua. Na verdade, é até melhor que não tente fazê-lo antes de estar preparado para tal. Pagar de má vontade, ou achando que se trata apenas de um dever, é, na verdade, agir por medo, e prosperidade alguma jamais nasceu do medo.

Por outro lado, o pagamento de um dízimo é um ato extremamente eficaz de fé. Muitas vezes, ocorre que o estudante da Ciência Divina deseja de todo o coração confiar de verdade em Deus, ter fé científica. Ora, desejá-lo de todo o coração é tê-lo. No entanto, ele nem sempre consegue, a princípio, adquirir um sentido de convicção estabilizada e, porque não pode experimentar tal sentimento, tende a achar que lhe falta fé, quando, na verdade, ela não lhe falta. Porém, se ele praticar o dízimo como resultado de uma convicção honesta de que essa é a coisa certa a fazer, isso será a prova da sua fé, independentemente daquilo que seus sentimentos possam lhe dizer no momento.

Alguns pensam que, porque se encontram em dificuldades prementes, é impossível para eles separar o dízimo no momento, mas se propõem a fazê-lo tão logo as circunstâncias melhorem. Isso significa compreender mal a coisa toda — quanto maior a necessidade atual, maior a necessidade do dízimo, pois sabemos que as dificuldades atuais devem-se apenas à atitude mental da pessoa (provavelmente subconsciente), e que as circunstâncias não poderão melhorar antes que haja uma modificação nessa atitude. O verdadeiro dízimo espiritual será uma indicação de que essa atitude está mudando, e será seguida da demonstração desejada. Como o dízimo é dado na base da porcentagem, quanto menos se tem, menos se dá, e assim esse problema se resolve por si mesmo.

A resposta à pergunta da frequência com que se deve pagar o dízimo é bem simples. A hora certa de pagar é quando se recebe o rendimento, seja mensal, semanal ou semestralmente, e assim por diante. De modo geral, é melhor pagar quantias pequenas com frequência do que quantias maiores de maneira mais rara; mas não existe uma regra rígida a esse respeito.

"Dai, e dar-se-vos-á; boa medida, recalcada, sacudida, transbordante, generosamente vos darão; porque, com a medida com que tiverdes medido, vos medirão também." (Lucas 6,38.)

Muitos mestres da Verdade atestaram os benefícios infalíveis do dízimo. John Murray escreveu:

Mude sua vida

Segundo a Lei Hebraica, dízimo quer dizer décimos e se refere a uma espécie de taxação que, sob a Lei Levítica, exigia que os hebreus entregassem uma proporção (um décimo) do produto da terra, rebanhos etc. ao serviço de Deus. E vale a pena notar que, enquanto esse sistema prevaleceu, a Nação Hebraica prosperou, coletiva e individualmente e, onde quer que ele tenha sido praticado honesta e fielmente, jamais falhou. Se o agricultor se recusar a devolver ao solo uma porcentagem do milho e das batatas que o solo lhe deu, não terá colheitas. Por que, então, deveríamos esperar receber Abundância de Deus, e retribuir tão mesquinhamente para a Sua santa causa? Os que pagam o dízimo estão sempre certos de ter Deus como sócio.*

A ligação entre o dízimo e a prosperidade não passa, afinal de contas, de uma expressão particular da lei geral que afirma que aquilo que somos para o universo ele será para nós; que aquilo que distribuirmos, seja generosidade ou parcimônia, isso receberemos em troca; que os iguais se atraem; que aquilo que um homem plantar colherá; e que homem algum escapa à Lei.

---

* *The Gleaner*, novembro de 1922.

Como conservar a paz

Não é um pensamento maravilhoso que você, talvez uma pessoa comum, desconhecida, possa ficar sentado sossegadamente no seu quarto e fazer mais para salvar o mundo dos horrores inconcebíveis de outra guerra do que todos os estadistas e diplomatas juntos? No entanto, é isso mesmo.

Muitas pessoas falam hoje como se uma nova guerra fosse inevitável. Outras, pelo contrário, declaram com otimismo que isso é impossível. A verdade é que outra guerra não é inevitável nem impossível. Pode haver outra guerra (e, se houver, a destruição e os horrores decorrentes eclipsarão qualquer coisa com que se possa ter sonhado até o momento, em virtude do avanço extraordinário das ciências naturais e da engenharia nas últimas décadas), e tal evento seria, quase com certeza, o fim da civilização ocidental como a conhecemos.

Por outro lado, não há a menor necessidade de outra guerra. Ela pode acontecer, mas isso não é *necessário*. Há um meio disponível pelo qual um grupo comparativamente pequeno de pessoas, se assim o desejar, poderá impedir que a guerra irrompa. Neste ensaio eu lhes mostrarei exatamente como isso pode ser feito.

Para compreender de modo inteligente o problema com que nos defrontamos, precisamos indagar por que as guerras acontecem. A maioria das pessoas crê que uma guerra ocorre como resultado de certos atos por parte de certos indivíduos. Elas acham que os líderes nacionais em posição de autoridade decidem fazer guerra contra um país vizinho porque pensam que são fortes o bastante para conquistá-lo; ou que eles declaram guerra em defesa própria, com o objetivo de impedir um ataque a seu território. Ou talvez sejam atraídos para uma guerra já em andamento entre outros países vizinhos, a despeito de todos os seus esforços para se manter neutros. Este é o ponto de vista histórico comum, o qual, todavia, é muito errado. A verdade é que os atos concretos dos indivíduos, tais como ultimatos, declarações de guerra e assim por diante, nunca são causas em si; são meramente o resultado de correntes de pensamento e sentimento amplas e profundas já existentes nos povos em questão. A guerra irrompe entre dois países porque há muito tempo o coração de milhares de pessoas de ambos os lados da fronteira está cheio de ódio e medo e, às vezes, também de cobiça, orgulho satânico e os demais pecados capitais. A própria guerra, e todos os horrores que a acompanham — tiros, mutilações, envenenamento por gases, destruição da propriedade e assim por diante —, não passa da consequência ou da manifestação, no plano físico, das paixões malévolas que a precedem.

Não é possível um ato de violência ocorrer no mundo exterior da experiência a não ser que exista, primeiro, uma ideia de violência

Mude sua vida

(medo, ódio etc.) no mundo interior do pensamento. E é igualmente verdadeiro que não é possível que as ideias de violência façam pouco na alma dos homens sem que, mais cedo ou mais tarde, sejam representadas no mundo exterior.

Daí, naturalmente, decorre que o método científico para a prevenção da guerra reside na mudança da mentalidade dos povos; não existe outro meio. Porém, como fazer com que ocorra essa modificação mental? Poderá ela ser levada a cabo pelo esforço educacional de livros e panfletos, realização de conferências de paz, conferências internacionais, e assim por diante? Bem, todas essas coisas são esforços na direção certa, é evidente, mas é preciso admitir que os resultados práticos decorrentes delas são, em geral, muito escassos e desproporcionais à despesa e ao trabalho despendidos. Sabemos que todas as guerras recentes foram precedidas por esforços desse tipo, os quais, apesar disso, fracassaram por completo na tentativa de impedi-las. Ainda mais, existe à espreita um perigo bem definido em meio a essas boas intenções, porque muitas pessoas de tendências espirituais são levadas a um falso sentimento de segurança, por confiarem nelas.

Entretanto, há um método para prevenir a guerra que é, a um só tempo, simples na sua aplicação e infalível em seus resultados. Não custa absolutamente nada aplicá-lo, e ele pode ser executado por qualquer um, em qualquer lugar, que esteja disposto a devotar-lhe algum tempo. Esse método é a Oração Científica.

Se um número, ainda que comparativamente pequeno, de pessoas aprender a orar *cientificamente*, e se devotar mesmo que por uns poucos minutos *diários* à Oração Científica para a paz universal, *nunca mais haverá outra guerra.* Como é natural, não será preciso dizer que existe no mundo um número mais do que suficiente de homens e mulheres de boa vontade dispostos a isso. O único problema é ensinar-lhes como agir.

É preciso que eu enfatize agora, com a maior veemência possível, que, para ter algum efeito prático, só serve a *Oração Científica*. Outros métodos de oração, conquanto excelentes em sua própria hora e local para outras finalidades, têm pouco efeito prático para a prevenção da guerra. Poderão consolar o indivíduo, purificar e desenvolver sua alma, armá-lo de resistência para enfrentar seus problemas; porém, não poderão evitar a guerra. Só a *Oração Científica* poderá fazer isso — e é um fato indiscutível que o fará. Basta apenas que um número suficiente de pessoas (e não um número grande demais) ore de maneira certa, e não teremos guerra.

Mas o que é Oração Científica? A Oração Científica pode ser descrita em breves palavras como a Prática da Presença de Deus. Com a finalidade de impedir a guerra, você deve devotar um mínimo de cinco minutos diários à percepção da Presença de Deus em todos os povos que constituem a meia dúzia de Grandes Potências. Não trabalhe dessa maneira por toda a humanidade, mas apenas pelos povos das chamadas Grandes Potências, pois é desejável concentrar o trabalho onde ele se faz necessário. A guerra só virá se algumas das Grandes Potências se envolverem.

Você pode começar a sua oração lendo alguns versículos da Bíblia ou algum livro espiritual que lhe agrade, ou repetindo seu hino ou poema espiritual predileto. A seguir, assevere que Deus está em toda

Mude sua vida

a parte e que todos os homens, em Verdade Absoluta, são agora espirituais e perfeitos, expressando apenas Amor, Sabedoria e Inteligência. Na realidade, não existem noções isoladas, pois todos os homens pertencem à Única Nação, à Divina Família. Não existem fronteiras porque Deus é Uno e não pode ser separado contra Si Próprio. E, na verdade, os únicos armamentos são as forças do Amor e da Inteligência.

Depois afirme que Deus está integralmente presente em todos os homens, todas as mulheres e crianças da Alemanha, dos Estados Unidos, da França, da Grã-Bretanha, da Itália, do Japão e da Rússia, e que eles podem apenas conhecer e expressar a Paz Serena, a Inteligência Divina e o Amor Divino. Agir assim é concentrar o trabalho onde se faz necessário e onde será eficaz. Você pode concluir dando graças a Deus pela glória da Sua Perfeição Divina, que jamais muda. Se desejar alongar-se mais um pouco, faça uso de um dos seis últimos Salmos, os quais se tratam todos de louvor e ação de graças.

Depois de terminar a sua prece ou oração, tire o assunto da cabeça até o dia seguinte. Observe que essa prece se dedica, exclusivamente, à percepção do bem. Em hipótese alguma, você deve permitir a si mesmo fixar-se nos horrores da guerra, no perigo da guerra, nas causas da guerra, ou pensar em guerra sob qualquer pretexto durante o tratamento. Na verdade, toda oração ou tratamento em si nada mais é do que um esforço para fugir, em pensamento, do conceito de guerra. Dizer algo como "Por favor, Deus, não permita que aconteça outra guerra terrível" é pensar em guerra, muito embora possa parecer piedoso e edificante, e pensar numa coisa é ajudar a criá-la ou perpetuá-la.

EMMET FOX

A guerra virá enquanto perdurarem no coração humano os pensamentos que a produzem. Uma meditação ou tratamento do tipo científico terá o efeito de afastar da mente humana o pensamento da guerra, e então a guerra não virá.

Entenda nitidamente que não se pede a você que mantenha esse estado de espírito elevado o dia inteiro, mas só naqueles momentos em que está rezando. É evidente que, de modo geral, você evitará fixar-se em assuntos horríveis a qualquer hora do dia, para o seu próprio bem. Porém, desde que se afaste durante o período da oração, terá feito todo o necessário para impedir a guerra.

Com relação ao período de tempo que deve ser devotado todos os dias a esse trabalho, diremos que o tempo em si não é importante; é o grau de percepção que conta. Se você puder afastar-se em pensamento do sentido de limitação e perigo de guerra em dois minutos, será o suficiente. Se você levar meia hora para fazê-lo, então que leve meia hora. Não gaste tempo demasiado num dia só. Algumas pessoas farão pouco progresso durante várias semanas; depois, aos poucos, verão que a coisa se torna fácil. O que de fato importa é fugir, nem que seja por um momento, dos sentimentos de medo e perigo. Isso, positiva e definitivamente, modificará a mentalidade dos povos nos países envolvidos e impedirá a guerra.

Seja fiel a esta oração diária. Em geral, as pessoas instáveis começam um plano desses orando por tempo excessivo durante vários dias, depois ficam cansadas e abandonam tudo. Sabemos que estamos orando por tempo excessivo quando temos a sensação de peso e fadiga. Cinco minutos diários são o bastante para a maioria das pessoas. Lembre-se

Mude sua vida

de que a alegria do Senhor é a sua força. Essa prática trará uma grande bênção à sua vida.

Deus é a única presença real e o único poder verdadeiro. Deus está integralmente presente a cada momento da existência. Deus trabalha por intermédio do Homem, que é parte da Expressão Divina. Ele trabalha através de todos, indiscriminadamente, e aos Seus olhos não existem distinções de nacionalidade ou partido, nem fronteiras. Portanto, não pode haver discórdia. Com Um Só Deus, pode haver um só plano, o plano perfeito de Deus, e todos fazem parte dele. Assim, cada um tem o seu lugar no Esquema Divino e não pode haver competição ou discórdia. Deus é todo em tudo, e Nele todos vivem e convivem, têm a sua existência em perfeita harmonia e Amor.

O espírito americano[*]

Os Princípios que Fundamentam a Constituição

"Toda arma forjada contra ti não prosperará; toda língua que ousar contra ti em juízo, tu a condenarás; esta é a herança dos servos do Senhor, e o seu direito que de mim procede, diz o Senhor." (Isaías 54,17)

Os Estados Unidos não são apenas mais uma nação acrescida à lista de nacionalidades. Representam certas ideias e princípios especiais que jamais foram expressos antes em forma concreta no mundo. Essas ideias podem ser resumidas na concepção de liberdade pessoal e oportunidade ilimitada.

O que se pode chamar de espírito americano é algo intangível, porém muito real em si, e, até onde pode ser traduzido em palavras, foi expresso nos dois grandes documentos oficiais da República Americana, a saber, a Constituição e a Declaração de Independência.

---

[*] Publicado originariamente em 1939.

Esses dois documentos se encontram entre os mais notáveis já escritos, e é provável que seu efeito sobre a história do mundo jamais tenha sido ultrapassado. Ambos são bastante curtos, não mais que uns poucos milhares de palavras no total, porém todo homem ponderado em qualquer parte do mundo, e sem dúvida todo norte-americano, deve familiarizar-se com eles. E eles podem ser obtidos facilmente, bem impressos e encadernados num só volume, por preço ínfimo. Portanto, não há desculpa para não ter conhecimento do seu conteúdo.

A primeira coisa que nos impressiona no tocante a esses documentos é a diferença notável no enfoque que dão ao assunto. A Constituição não contém pregação direta alguma. Não faz afirmações diretas sobre a natureza do Homem ou seu destino, ou de suas relações com outros homens ou com Deus. Aparentemente, é apenas um seco documento legal. Nunca afirma, de maneira explícita, que o homem deve ser livre, que os seres humanos devem viver juntos, fraternalmente, ou que o Homem é filho de Deus. Todas essas coisas estão expressas, ou insinuadas, na Declaração da Independência. E a Declaração é, a meu ver, um dos documentos mais vívidos e emocionantes jamais escritos. Lateja de esperança, fé e entusiasmo. A Constituição, por sua vez, é formal, técnica, precisa e não apresenta, à primeira vista, interesse algum para o leigo. Na verdade, a Constituição e a Declaração podem ser descritas, em certo sentido, como a anatomia e a fisiologia do governo — uma delas preocupada com a ossatura do esqueleto de apoio, a outra, com os órgãos e tecidos pulsantes de vida.

Para compreender a Constituição norte-americana, deve-se perceber que ela visa produzir um estado de coisas cuidadosamente selecio-

Mude sua vida

nado. Visa a um modo de vida especial — que, até o presente, só foi encontrado de forma integral nos Estados Unidos. Visa à *liberdade pessoal* para o indivíduo. Visa à ideia de igualdade substancial e, acima de tudo, de igualdade de oportunidade. Nenhuma outra civilização teve esse objetivo antes. O grande Império Romano tinha certos objetivos magníficos, mas a igualdade de oportunidade não estava entre eles. A civilização grega tinha objetivos maravilhosos, mas também não incluía este. A gloriosa Atenas sempre se baseou num alicerce de escravidão. A Idade Média rejeitava em definitivo a ideia de liberdade pessoal e igualdade de oportunidade e visava, em vez disso, à disciplina e à uniformidade.

Os Estados Unidos são a terra da oportunidade. Esse é um velho ditado, mas ainda é tão verídico hoje quanto sempre o foi. Um norte-americano comentou comigo, outro dia, que achava que essa afirmação poderia ter sido verdadeira no passado, porém que não era mais. Estava errado, todavia. O ditado é tão verídico hoje quanto sempre foi, como pretendo mostrar neste ensaio. É verdade que a fronteira ocidental esteve fechada por mais de quarenta anos, mas as fronteiras da descoberta científica e da imaginação criativa jamais podem fechar. E, enquanto as pessoas estiverem liberdade individual e igualdade de oportunidade, essas coisas oferecerão carreira para todos.

Os Estados Unidos são a terra da oportunidade. Eu mesmo passei praticamente toda a minha vida na Europa, e assim encaro as instituições e condições norte-americanas de mente aberta. Quanto mais vivo nos Estados Unidos, mais me dou conta da liberdade substancial que existe aqui. Na França e na Inglaterra, há muita liberdade política e

EMMET FOX

pessoal de muitas maneiras — mais liberdade política na Inglaterra do que na França, e talvez mais liberdade pessoal na França do que na Inglaterra. Porém, mesmo nesses países, a liberdade ainda é limitada de muitas maneiras desconhecidas dos norte-americanos. Em todos os países do Velho Mundo, devido à sua herança do sistema feudal,* existe todo tipo de barreiras *invisíveis* à livre expressão da alma do homem, que é parte da autoexpressão de Deus. Tais barreiras são invisíveis. Se fossem visíveis, os povos ficariam irados e as derrubariam, porém são invisíveis, mas nem por isso menos reais.

Nos Estados Unidos, ao percorrermos o país de norte a sul e de leste a oeste, encontramos todo tipo de gente e percebemos que essas barreiras, com frequência cruéis, não existem aqui. Dei-me ao trabalho de estudar este assunto o mais detalhadamente que pude. Viajei por vários estados da União e discuti isso com muita gente. Tive o privilégio de conversar com algumas das pessoas mais distintas dos Estados Unidos — estadistas preeminentes, alguns profissionais de grande destaque, importantes executivos industriais. Conversei também com operários — maquinistas, soldados, marinheiros e policiais. Durante as minhas viagens do Atlântico ao Pacífico e do Canadá ao México, conversei com moradores da Nova Inglaterra, com sulistas, com gente do Meio-Oeste. Conversei com vaqueiros das planícies e com garimpeiros e mineiros das Montanhas Rochosas, e percorri toda a Califórnia e o Texas. Falei com trabalhadores braçais negros no sul e negros muito instruídos no Harlem, e com índios nas reservas. E,

---

*Ver capítulo "O destino histórico dos Estados Unidos".

Mude sua vida

creio, com quase toda espécie de pessoas que constituem os Estados Unidos.

Como disse, tive o privilégio de discutir esses assuntos com gente muito importante e com gente comum — as pessoas com quem se bate um papo numa barraquinha de cachorro-quente de beira de estrada, em lanchonetes, drogarias e armazéns de aldeia. Sei ser um bom ouvinte quando quero, e eles me contaram, cada um no seu próprio linguajar, o que pensavam das coisas e ideias que os impulsionavam na época. Portanto, acho que conheço um pouco das condições de vida dos Estados Unidos hoje. Acho que sei do que estou falando, e duas coisas me impressionam constantemente neste país. Em primeiro lugar, impressionam-me a liberdade pessoal e a riqueza de oportunidades que existem aqui em épocas normais. Segundo, impressiona-me o fato de que, em sua maioria, os norte-americanos têm tudo isso como coisa tão garantida que, de certo modo, lhe atribuem pouco apreço. Sei que eles apreciam essas coisas, mas, na minha opinião, não tanto quanto deveriam. Dizem eles: "E de que outra maneira deveria ser?" Porém, eu lhes digo que, sem a Constituição, poderia ser e seria bem diferente, porque tais condições simplesmente inexistem em outros países. Nunca foram conhecidas em qualquer outra parte. Apenas nos Estados Unidos a liberdade pessoal geral e a igualdade de oportunidades são aceitas. E o objetivo deste ensaio é ajudar as pessoas a se darem conta disso.

No tocante às oportunidades, sempre me espantam as provas que encontro de sua riqueza para o homem ou a mulher comum. O país está acabando de sair de um período de pânico de nove anos de crença na depressão. Porém, em épocas normais, é difícil que um trabalhador não encontre oportunidade para elevar-se a qualquer nível nos Estados Unidos.

Há alguns meses, ao falar em público de um palanque em Nova York, pedi às pessoas que me enviassem dados de casos que conhecessem pessoalmente de homens e mulheres que tivessem chegado ao ponto mais elevado de suas profissões *sem qualquer influência* — sem qualquer daqueles elevadores invisíveis e caminhos particulares tão corriqueiros nos países mais antigos. Repeti o pedido pelo rádio mais ou menos uma semana depois, e a resposta em ambas as ocasiões foi tão grande, recebi tantos exemplos autenticados, que me foi de todo impossível acusar seu recebimento pessoalmente, tampouco posso ocupar-me deles aqui. Do país inteiro, recebi cartas acerca de pessoas de empresas locais — não milionários, mas executivos, gerentes, diretores, pessoas que recebiam bons salários, que ocupavam posições de responsabilidade, que, vindas do mais baixo degrau da escada, subiram apoiadas apenas no próprio esforço. Eu tinha dito, em especial, que não me interessavam histórias sobre milionários, porque o número de pessoas capazes de ganhar um milhão de dólares com o próprio esforço sempre será pequeno demais para ter importância, e porque um homem de capacidade tão extraordinária por certo se sairia bem em qualquer lugar. Além disso, os milionários, como classe, não são mais felizes que qualquer outro tipo de gente. Também não queria nenhuma das antigas histórias que têm por padrão "de-uma-cabana-até-a-Casa-Branca" e que todos conhecemos bem. O que eu procurava eram exemplos autênticos de homens e mulheres de hoje que haviam ascen-

Mude sua vida

dido, pelo próprio esforço, a uma responsável posição de trabalho interessante e bem pago. Tais casos seriam de fato significativos. Bem, como já disse, recebi tantos exemplos que nem posso reproduzi-los aqui, e, de qualquer maneira, prefiro que o leitor ache a prova por si mesmo. Isso pode ser feito com facilidade, e eu com veemência insisto em que você o faça sem demora.

Você pode — não importa qual a região onde vive — provar essa afirmação por si mesmo, em sua própria comunidade, em poucos dias. Não aceite a palavra dos outros; faça diretamente algumas pesquisas. Vá a duas ou três das principais fábricas locais e verá que diversos, se não a maioria, dos cargos de fato importantes são ocupados por homens que começaram há alguns anos, sem dinheiro, amigos, influência social, e talvez até mesmo sem instrução, a princípio. Pesquise as histórias de seus deputados estaduais e federais. É até muito provável que o governador de seu estado tenha vencido na vida por seus próprios méritos. Indague sobre os editores e proprietários dos jornais locais. Escolha as melhores lojas de sua cidade ou aldeia, e veja que história se esconde por trás delas. Indague sobre os diretores das escolas ou faculdades que possam existir na sua comunidade; não se esqueça da biblioteca pública, do museu, das companhias de gás e eletricidade, da estação de rádio mais próxima, ou de quaisquer outras atividades humanas aí existentes. Com um pouco de pesquisa prática desse tipo, posso afirmar que você provará, diretamente e de modo abundante, que aquilo que eu digo é verdade, e, como foram descobertos por você mesmo, esses exemplos locais serão bem mais convincentes do que quaisquer outros de segunda mão que eu lhe oferecesse.

EMMET FOX

Tal estado de coisas não existe, sequer, em fase inicial em qualquer país que não os Estados Unidos.

Além disso, os Estados Unidos estão quase por completo livres da maioria dos preconceitos estúpidos que envenenam silenciosamente as fontes mesmas da vida em outros lugares. Em todas as partes do Velho Mundo, as pessoas estão embebidas e saturadas de preconceitos de todo tipo e dos quais os países jovens já se esqueceram ou nem sequer ouviram falar. Elas não querem ser preconceituosas. Não têm consciência disso. Tais coisas têm início com a própria vida, são absorvidas com as primeiras gotas de leite materno e continuam a infiltrar-se pelos poros da pele, digamos assim, todos os dias de sua vida. Na verdade, a malignidade desses preconceitos reside no fato de que a vítima mal desconfia deles. Europeus que emigram para os Estados Unidos, e que voltam de tempos em tempos para visitar o seu país de origem, cada vez mais se dão conta, nessas ocasiões, da ausência de qualquer tipo de preconceito estúpido no Novo Mundo. Até mesmo as pessoas que mais admiram em seus países natais lhes parecem um pouco preconceituosas, um pouco esnobes, um tanto acomodadas com as coisas tal como elas se apresentam. É difícil alguém colocar o dedo no ponto exato da ferida para localizá-lo em definitivo com palavras, mas, sem sombra de dúvida, ele está ali. Parece-me que uma boa maneira de resumir a diferença fundamental dos pontos de vista entre a Europa e os Estados Unidos é dizer que, quando se apresenta uma nova ideia ou um método, a Europa pergunta "Por quê?" e os Estados Unidos, "Por que não?".

Já disse que acho que a maioria dos norte-americanos, em especial a nova geração, tende a não dar o devido valor a essas coisas, a essa

Mude sua vida

liberdade de oportunidade. Quero tentar fazer com que você perceba que essas coisas não existem por acaso, não brotaram do solo do dia para a noite, nem caíram do céu. Para existir, essa condição de vida teve de ser produzida *por gente que a desejava*. As pessoas da geração que a criou, as pessoas da Revolução, tiveram de pensar nela. *Tiveram de trabalhar por ela*. Tiveram de fazer sacrifícios por ela. Tiveram de lutar por ela e, em muitos casos, dar a vida por ela. Nada veio fácil. A inspiração existia, mas, como ocorre com toda a inspiração, teve de ser traduzida numa expressão prática; e isso é sempre difícil. É sempre fácil copiar uma coisa antiga com ligeiras alterações, mas muito difícil fazer algo de fato novo e melhor. Nesse caso, a inspiração surgiu para os líderes, para os Pais da Constituição, como costumamos chamá-los. Porém, eles sozinhos não poderiam ter feito nada se o povo não tivesse correspondido, trabalhado e lutado para tornar seguro o que haviam feito. Aquela geração fez o seu trabalho, com êxito magnífico, e passou-o adiante. Mas eu quero que você se dê conta de que uma geração não pode realizar qualquer trabalho definitivo. Cada geração tem ela mesma de refazer esse trabalho... ou poderá perdê-lo. Assim como essa liberdade teve de ser construída por aqueles que a desejavam, da mesma forma ela poderia ter sido perdida em virtude de descuido ou indiferença. Não se pode garantir que qualquer nação tenha direitos e liberdade para sempre a não ser que possua a mentalidade e a coragem e a compreensão para reivindicá-los sempre. Uma das coisas mais verdadeiras jamais ditas é que *o preço da liberdade é a eterna vigilância*.

A não ser que estejamos tão resolvidos quanto nossos ancestrais a manter a liberdade, a harmonia e a unidade da nação, é possível que venhamos a perdê-las, tal como qualquer homem pode perder sua prosperidade, saúde ou seu caráter se parar de valorizar essas coisas e de trabalhar por elas. A liberdade é algo que cada geração, por si mesma, deve conquistar de novo.

Se você não se preocupar em servir seu país com um mínimo de trabalho, tal como tirar seu título e votar em cada eleição, dedicar um tempo razoável ao estudo das questões públicas, levantar a sua voz de maneira certa em favor do que acredita ser direito e contra o que acha ser errado — então você está traindo o seu país e ajudando a tornar possível que ele perca a sua liberdade. Nossos antepassados arriscaram tudo para obter esses direitos, e a nós compete apenas pensar um pouco e votar para consegui-los. No entanto, mesmo isso é demasiado para algumas pessoas.

Examinemos agora a Constituição em si um pouco mais detalhadamente. Estudando-a com atenção, você encontrará um princípio geral que a percorre do começo ao fim, um espírito geral fundamentando cada parágrafo e cada cláusula, a saber, a ideia de produzir um equilíbrio de poder, a ideia de que nenhum homem ou grupo determinado de pessoas possa tomar o poder e dominar todos os demais. Isso foi feito porque os idealizadores da Constituição sabiam muito bem que nenhum ser humano está, em momento algum, apto a exercer poder absoluto sobre seus semelhantes.

Os Pais da Constituição — Washington, Jefferson, Hamilton, Madison, Monroe, Benjamim Franklin e os demais — eram homens que conheciam profundamente o assunto, porque o haviam estudado com meticulosidade. Não eram apenas um grupo de pessoas casuais

Mude sua vida

que deram início casual a algo casual. Tinham estudado as antigas civilizações e os métodos de governo que empregavam. Tinham estudado os sistemas medievais e as várias constituições vigentes na Europa de seus dias. Estavam bem familiarizados com as grandes obras clássicas que versavam sobre governo, tais como as de Platão* e Aristóteles,** bem como as obras de autores posteriores, como Maquiavel*** e Sir Thomas More,**** e com as especulações europeias mais recentes sobre o assunto feitas por Thomas Hobbes,***** John Locke,****** Montesquieu******* e outros. Estavam, portanto, muito bem equipados para a execução de sua grande tarefa. Conheciam os resultados da maioria das experiências já feitas no mundo.

Acima de tudo, sabiam, embora talvez não percebessem integralmente, em todos os casos, que o Homem está aqui na Terra para aperfeiçoar a alma, para se tornar autoconfiante, autoexpressivo e autodeterminado a fim de, como dizemos, glorificar a Deus. Essa grande verdade foi obtida de maneira inspiradora por meio da mesma inspiração divina que produziu o Grande Selo e projetou o dinheiro norte-americano como é.********

Assim, eles idealizaram cuidadosamente a Constituição para que prevenisse nos Estados Unidos qualquer repetição do tipo de tirania

---

* *A República.*
** *Política.*
*** *O Príncipe.*
**** *Utopia.*
***** *Leviatã* etc.
****** *Sobre o Governo Civil.*
******* *O Espírito das Leis.*
******** Ver Capítulo "O destino histórico dos Estados Unidos".

ocorrido tantas vezes na Europa nos últimos três mil anos, pois ela não é novidade alguma. Estabeleceu-se repetidas vezes ao longo dos séculos tanto na Europa quanto na Ásia.

Se Washington e Jefferson pudessem retornar hoje e ler as primeiras páginas de nossos jornais que dão as notícias da Europa, não encontrariam nelas nada que já não tivessem lido, muitas vezes, a respeito de outras civilizações. Assim, estavam resolvidos a redigir em documento no qual houvesse um tal equilíbrio de poder que a tirania pessoal ou de grupo fosse impossível. O poder absoluto corromperia um arcanjo — e eles tinham consciência disso. Se um arcanjo pudesse obter poder absoluto sobre qualquer grupo de seres humanos, não demoraria muito para que se transformasse num arquidemônio. Os fundadores da República sabiam que sempre se abusa do poder absoluto, e assim equilibraram a Constituição com um sistema perfeito de controles e salvaguardas.

É um fato admirável que os princípios nela contidos possam, de igual modo, ser aplicados ao governo de qualquer organização inferior, e até mesmo ao controle da própria alma humana. Se você desejar desenvolver a sua personalidade de maneira global e harmoniosa, física, mental e espiritualmente, descobrirá que, ao equilibrar as faculdades de sua alma e as diversas necessidades da sua natureza com base nesses princípios, obterá o progresso mais certo e rápido. O *espírito* que fundamenta a Constituição, o espírito de um equilíbrio de poder que permita liberdade de crescimento, é de aplicação quase universal.

A Constituição norte-americana estabelece certos pressupostos sobre o homem comum. Pressupõe que ele seja sensato. Pressupõe que

Mude sua vida

seja honesto e de boa índole. Você dirá: "Ora, mas isso é natural." Repito que nem sempre foi assim. Todas as civilizações anteriores foram baseadas exatamente nos pressupostos opostos. Todas as sociedades organizadas do mundo antigo, e da Idade Média em particular, baseavam-se na ideia de que o homem comum é tolo por natureza; e que, a não ser que seja vigiado, controlado, subordinado a uma rígida disciplina e viva amedrontado a ponto de quase ficar fora de si, ele se meterá em apuros e prejudicará a si, ou aos outros, de alguma forma. Pressupunham que ele é desonesto, extremamente egoísta e, em geral, impulsionado pelos motivos mais baixos. É evidente que essas afirmações jamais foram escritas em parte alguma. Os estadistas não escrevem essas coisas — elas não ficam bem no papel. Porém, escreveram outras coisas, em linguagem técnica e diplomática, que se baseavam exatamente nas premissas que declarei. Apenas nessa Constituição se pressupõe que o homem comum é digno de confiança. Agora fica fácil ver por que a Constituição pede, de forma clara, *iniciativa pessoal, autoconfiança pessoal, bom senso pessoal* e disposição para se chegar a um meio-termo sensato quando não for possível um acordo total; e porque não pode funcionar sem essas coisas.

A história da redação da Constituição é um exemplo muito interessante do que pode ser chamado de meio-termo inteligente, sem o qual um grande número de pessoas livres não pode conviver. Aqueles eram dias muito sombrios. Uma guerra terrível acabara de chegar a termo com êxito. Naquela época, não havia os Estados Unidos; havia 13 Estados independentes, com, em certos casos, interesses aparentemente conflitantes, temperamentos conflitantes e uma dose de puro

EMMET FOX

preconceito, que nunca está de todo ausente da natureza humana. Esses homens se reuniram e assim falaram: "Não podemos todos concordar em tudo; se insistirmos na tentativa de fazê-lo, a situação se desintegrará por completo; e, apesar de termos vencido a guerra, perderemos a paz; assim, temos de estar preparados para um toma-lá-dá-cá razoável se quisermos sobreviver como um todo." E então eles chegaram a um meio-termo. Um Estado cedeu numa coisa, outro Estado noutra, e a Constituição foi o resultado disso.

A Constituição norte-americana seria, portanto, inexequível se o povo não fosse autoconfiante, autodeterminado e engenhoso. Existem nações que não se importam com essas coisas e não as possuem. Suponho que todos tenhamos as nossas virtudes prediletas. As minhas são a autoconfiança, a iniciativa, a engenhosidade, a coragem. Gosto dessas coisas mais do que de qualquer outra, mas há pessoas e nações que não gostam. Há nações, por exemplo, cujos povos gostam de ser mandados e orientados; gostam de ser conduzidos para um lado ou outro e que se lhes diga o que fazer, e onde e quando fazê-lo. Esses povos podem fazer grandes coisas no mundo por meio da ação em massa, mas não poderiam funcionar com uma Constituição como a norte-americana. Essa Constituição exige um povo que prefira tomar conta de si mesmo. É dirigida para o tipo de homens e mulheres que desejam gerir sua vida, correr seus riscos, sobreviver por conta própria, e ser pessoalmente independentes... e essas mesmas coisas são as características notáveis da maioria do povo norte-americano.

Porém, observe que, entre outras coisas, essa política significa que, sem dúvida, haverá certa dose de sofrimento, porque sempre comete-

Mude sua vida

mos alguns erros quando somos livres. Um sentenciado na prisão tem muito pouca chance de cometer erros. Dizem-lhe quando se deve levantar, quando deve ir para a cama, dão-lhe a comida e ele é obrigado a comê-la. Dizem-lhe que roupas usar, que trabalho fazer e como fazê-lo. Conduzem-no a um pátio a fim de que se exercite e, quando acham que já se exercitou o suficiente, levam-no de volta para a cela. Dificilmente ele fará algo errado, dificilmente cometerá um erro, mas também, é claro, dificilmente aprenderá alguma coisa. Um homem livre cometerá erros, e aprenderá com eles. Sofrerá, mas o sofrimento vale a pena quando se aprende algo. Quando não se é livre, não se pode aprender, e assim o sofrimento é desperdiçado.

Observe de maneira muito particular que a Constituição não garante a igualdade de sorte. Não se pode ter igualdade de sorte, porque a natureza humana varia. Não há dois homens com o mesmo caráter. Não há dois homens exatamente com a mesma capacidade. Por outro lado, alguns terão menos talento, mas caráter mais forte, e, por essa razão, ascenderão ao topo. Outros homens — todos conhecemos alguns exemplos — têm muito talento mas são destituídos de caráter, e assim continuam na base da escada. Por esse motivo, não pode haver igualdade de sorte, mas pode haver, e há nos Estados Unidos, a verdadeira igualdade, que é *a igualdade de oportunidade.*

Pessoas estúpidas costumam dizer que o Espírito norte-americano é um ideal absurdo porque os homens são essencialmente desiguais. O eletricista local, ressaltam, não é igual a Edison; e Emerson não era igual ao seu cavalariço. É claro que os autores da Constituição estavam bem cientes de tal fato, e era isso que tinham em mente quando idealizaram o documento. Num país livre, a igualdade significa igualdade de oportunidade para desenvolver, ao máximo, o talento de cada um; e significa igualdade perante a lei, que não deve discriminar entre um cidadão e outro. Significa a ausência de privilégios especiais de qualquer espécie, sob qualquer pretexto.

A Declaração da Independência não diz que os homens *nascem* livres e iguais, porque não nascem. Diz que são "*criados* livres e iguais" — o que é uma coisa bem diferente. É evidente que todos nascemos diferentes. É a igualdade de oportunidade que importa, e é o que a Constituição se dispõe a estabelecer. Agora estamos vendo que, desse modo, nesse documento legal um tanto seco na aparência, aqueles homens inspirados estavam criando um modelo geral para o governo humano. Mais cedo ou mais tarde, o restante do mundo adotará os princípios da Constituição norte-americana. E, sendo a natureza humana como é, o provável é que cada povo ou nação afirmará tratar-se de sua própria Constituição, mas ela será, em essência, a Constituição norte-americana. Contudo, não importa em absoluto que nome lhe deem, desde que a ponham em ação.

O mundo hoje é relativamente bem menor do que antes devido aos meios aperfeiçoados de trânsito e comunicação. O automóvel, o avião, o telégrafo e o rádio tornaram os perigos da supercentralização bem maiores do que eram na época de Washington, quando um homem comum levava dez dias para viajar do Potomac a Nova York.

Por esse motivo, torna-se agora evidente que as únicas opções práticas para os princípios da Constituição são ou um despotismo *militar* — não importa que nome se lhe dê — administrado por soldados, ou

Mude sua vida

um despotismo *burocrático* de funcionários públicos permanentes, quer se lhe dê o nome de socialismo ou comunismo. Ambos os sistemas se propõem a garantir o fornecimento do indispensável físico ao indivíduo, e ambos lhe negam, de igual modo, o pão mental e espiritual da vida. Por isso ambos são eternamente inaceitáveis para aqueles que possuem o Espírito norte-americano, à parte o fato de que, com qualquer tipo de governo despótico, mais cedo ou mais tarde, acaba por se instalar a maior das corrupções, porque não se permitem críticas. Portanto, se você não deseja tornar-se o servo de aventureiros militares de um lado, ou de uma burocracia impessoal e sem alma de outro, deve tomar uma posição definida em prol da liberdade pessoal e dos princípios da Constituição. Deve preocupar-se o suficiente para defendê-la de maneira vigorosa e durante todo o tempo que puder.

A Constituição não é uma experiência. Fiquei espantado, outro dia, ao ouvir um norte-americano (supostamente culto) dizer, enquanto sacudia a cabeça: "É uma experiência admirável." Uma experiência, após um século e meio! Não é uma duração tão ruim para uma experiência, experiência esta que agora inclui mais de 130 milhões de pessoas num subcontinente com todo tipo de clima e quase todo tipo de condições naturais. Assim, longe de ser uma experiência, a Constituição se justificou por completo. Foi um sucesso a toda prova. Qualquer dificuldade real que os Estados Unidos tenham enfrentado terá sempre tido origem, como se verá ao analisá-la, em algum afastamento do espírito, se não da letra, da Constituição. Reflita, leitor. Leia a história do país e verá que as dificuldades e os embaraços que os Estados Unidos tiveram de enfrentar nos últimos 150 anos ou mais sempre foram o resultado de um afastamento do espírito da Constituição.

A Constituição justificou-se por si mesma de maneira ampla. Deu ao povo o padrão de vida mais elevado do mundo. Os pobres dos Estados Unidos ainda estão em melhores condições do que os pobres de qualquer outro país. A despeito dos oito ou nove anos do pânico da depressão — e é apenas o pânico do medo —, e a despeito de outras dificuldades, ainda existe um padrão de vida mais elevado do que em qualquer outra nação. E o padrão mais elevado seguinte, no-tem bem, é dos outros países livres. É nos países em que a liberdade e os direitos do indivíduo foram pisoteados que existe o padrão mais baixo.

A Constituição produziu o padrão de vida mais alto. Produziu as maiores oportunidades educacionais. Existem mais oportunidades de instrução neste país, em especial para os meninos e as meninas pobres, do que em qualquer outro país do mundo. Existem mais chances para o sucesso e a autorrealização, para a prosperidade e a felicidade do homem comum nos Estados Unidos do que em qualquer outro lugar.

Garantido pela Constituição, o país prosperou materialmente. Venceu todas as guerras de que tomou parte. E, de modo geral, a história de suas transações com outros países foi meritória ao extremo. Jamais permita que pessoas de outros países o enganem, o tapeiem com a ideia de que os Estados Unidos cometem mais erros do que as outras nações, pois isso não é verdade. Os Estados Unidos cometeram erros, é claro, porque são uma nação constituída de seres humanos, e, pelo mesmo motivo, é provável que cometam outros no futuro, porém todas as

Mude sua vida

demais nações também cometeram os seus, e, sem exceção, maiores e piores que os norte-americanos. Eis a diferença: como se trata de um país jovem, livre e democrático, todos os erros e as falhas são postos a nu, são expostos, enquanto em outros países os erros são abafados, e uma fachada falsa é apresentada ao mundo. Mesmo nos países em que existe uma imprensa livre, a tendência é apresentar tudo sempre sob o melhor ângulo possível, para não "sujar o bom nome" do país. Acha-se que a imprensa é a vitrine da nação e que, portanto, deve estar o mais enfeitada possível. Nos Estados Unidos, contudo, tudo é exposto, e a imprensa parece deleitar-se em fazer tudo parecer o pior possível. No todo, tal tendência é boa e saudável, pois é melhor conhecer o pior do que viver com uma falsa sensação de segurança.

Portanto, é bom não esquecer que os países estrangeiros nunca são tão virtuosos quanto aparentam ser, e que, nos Estados Unidos, as coisas são sempre melhores do que aparentam ser. Já se disse ser uma peculiaridade dos norte-americanos permitir que um escândalo ou erro se prolongue por mais tempo do que seria admissível na maioria dos outros países; e então eles se enfurecem e derrubam a coisa toda, limpam a sujeira e colocam em seu lugar algo que é bem melhor que qualquer outra coisa que se possa encontrar em qualquer outro lugar. Isso é provavelmente verdade, e contém uma profundidade que me atrai.

Uma das críticas mais comuns feitas aos Estados Unidos é a suposta existência da corrupção política, ou seja, "logro", no linguajar dos jornais. Sem dúvida, existe algum fundo de verdade nisso, mas é preciso que se ressalte, em primeiro lugar, que a quantidade e a extensão da corrupção política foram grandemente exageradas. Que ela existe, existe; mas também está fora de dúvida que a maioria esmagadora dos políticos — municipais, estaduais ou federais — é formada por homens sinceros e honestos que fazem o melhor que podem dentro das circunstâncias. Por outro lado, também não existe qualquer país estrangeiro sem um bocado de "logro". Nos países mais antigos, contudo, a corrupção é conduzida de modo muito mais científico e, pode-se dizer, artístico. Não há nada da vulgaridade que a torna propriedade pública nos Estados Unidos. É disfarçada por diversas maneiras que gerações de experiência tornaram viáveis, mas não deixa de existir, e é necessário pouco conhecimento da natureza humana para se dar conta de que, quanto mais despóticas as instituições de um país, mais florescerá nele a corrupção oculta.

A razão pela qual existe a corrupção política nos Estados Unidos é a seguinte: nessa nova e imensa nação, há tantas coisas interessantes e dignas de serem feitas para o desenvolvimento geral do país que os melhores cérebros não têm incentivo para se meter na política. Desse modo, os políticos tenderam a apresentar um nível inferior de capacidade e caráter. Durante o maravilhoso desenvolvimento de um novo continente, não é natural que os assuntos um tanto rotineiros da administração política atraiam os melhores homens, como costuma acontecer nos antigos países, em que há menos oportunidades para outras carreiras. No entanto, é evidente que a opinião pública se acha atenta, e que a corrupção política está, de fato, acabando. Não tenho dúvidas de que não demorará muito a ser uma coisa praticamente do passado nos Estados Unidos.

Mude sua vida

Outra crítica muito ouvida é a suposta existência de uma maior incidência de crimes nos Estados Unidos do que nos outros países. Se encararmos o assunto com imparcialidade, veremos que tudo indica que esse problema também está sendo superado. Não se pode esquecer de que a descoberta e a prisão de um criminoso são muito mais fáceis nos Estados Unidos. Na França, na Inglaterra ou na Alemanha, por exemplo, encontramos uma população homogênea com a mesma tradição e instrução. Além disso, esses países são pequenos em extensão e, portanto, é muito mais difícil para um criminoso procurado esconder-se. Os Estados Unidos ocupam um território imenso, com uma *grande* mistura de raças e tradições, o que naturalmente tende a facilitar as operações do escroque. Além disso, a existência de 48 jurisdições semi-independentes no país tornou, naturalmente, mais fácil para as pessoas desonestas fugirem ao braço da lei. Porém, essa dificuldade está sendo vencida pelas autoridades federais.

É preciso esclarecer também que o crime não tem sido um fato permanente nos Estados Unidos; na verdade, foi uma onda que se seguiu à Grande Guerra, e à depressão, que tornou impossível para os jovens encontrarem emprego. Quando se leva em conta o fracasso completo da experiência da Lei Seca, para a qual a opinião pública não estava em absoluto preparada, e as vantagens que ela conferia a muitos tipos de transgressão da lei, vê-se que a infeliz explosão de crimes que marcou os últimos anos é algo excepcional e passageiro.

Talvez se deva ressaltar que os crimes mais sérios foram, em geral, cometidos não por norte-americanos, mas pelos imigrantes estrangeiros ou por seus filhos, que ainda não tiveram tempo de absorver o

Espírito do país. Em muitos casos, esses celerados vieram de países em que não havia liberdade nem governo estável desde o Império Romano, e onde o povo, portanto, jamais fora educado para respeitar a lei ou confiar nela. Nos Estados Unidos, mais uma vez, se torna óbvio que será apenas uma questão de tempo para que esses males sejam automaticamente sanados.

Os Estados Unidos nada têm a temer no futuro enquanto o seu povo permanecer unido em pensamento e sentimento, e isso é certo que ele fará. Dois norte-americanos, não importa de que parte do país venham, ou qual a diferença de suas condições, sempre terão muito mais em comum entre si do que qualquer um deles poderá ter em comum com qualquer estrangeiro, e esse fato fundamental deve ser supremo em sua influência.

Assim, a Constituição nos proporciona os alicerces de uma vida livre, próspera e independente para todos os cidadãos. A antiga frase "simples democracia jeffersoniana" expressa muito bem a ideia essencial da Constituição — como acontece com a própria Casa Branca. Uma visita à Casa Branca é um tônico moral e espiritual. A sua dignidade simples e serena faz com que Versalhes, Potsdam e locais semelhantes pareçam quase teatrais e vulgares em comparação. Não é um palácio, é a residência de um cavalheiro que, no momento, é o Magistrado-Chefe da Nação. Em sua maioria, os presidentes dos últimos 150 anos exemplificaram a mesma ideia em sua vida pessoal. Tanto Washington quanto Lincoln a expressaram perfeitamente em seus estilos bem diferentes. Calvin Coolidge, quando recebeu a notícia da sua sucessão, estava hospedado na humilde fazenda do seu pai. Este

Mude sua vida

era magistrado, e o novo presidente fez o seu juramento de posse ali mesmo, sobre a Bíblia da família. Contaram-me que Theodore Roosevelt* fez o seu juramento mais ou menos do mesmo modo, pelas mãos de um vizinho, e é verdade que, quando a família se mudou para Washington, seus filhos menores foram enviados imediatamente para a escola pública mais próxima. Sentimentalismos? Acho que não. A meu ver, parecem meros exemplos práticos do ponto de vista geral que estamos considerando.

Um verdadeiro norte-americano se esforçará para incorporar esse ponto de vista a todas as fases de sua vida. Se for rico, evitará com cuidado todo luxo sem sentido e exibicionismo desnecessário, ou qualquer coisa que possa criar barreiras artificiais entre si e seus concidadãos. Se não for rico, não permitirá que falsos ideais lhe deem algum sentimento de inferioridade por esse motivo, pois terá consciência de que é o caráter que de fato importa.

Esse é, em linhas gerais, o espírito da Constituição norte-americana; e, quanto a mim, orgulho-me de prestar o meu tributo pessoal à visão elevada e à arte prática de governar que ela corporifica.

---

*Como vice-presidente, assumiu a presidência por ocasião do assassinato (1901) do presidente William McKinley.

O destino histórico dos Estados Unidos

O MISTÉRIO DO DINHEIRO NORTE-AMERICANO

A fim de compreendermos o trabalho especial que os Estados Unidos foram chamados a realizar na história da humanidade, primeiro temos de lembrar que o povo norte-americano é, do ponto de vista histórico, aquela parcela do povo da Europa cuja tarefa consistia em explorar o continente americano; subjugá-lo e desenvolvê-lo.

É impossível compreender o significado e a importância históricos de qualquer país enquanto o considerarmos de maneira isolada. A fim de determinar o seu verdadeiro lugar na trama das coisas, temos de considerar a sua ligação com o fluxo geral das tendências históricas. Nem é preciso dizer que um ponto de vista puramente sectário — o chamado ponto de vista "patriótico", por exemplo — é uma desvantagem insuperável para a descoberta da verdade. No estudo da história, assim como nas investigações da ciência natural, só se consegue chegar à verdade depois de pesquisas imparciais e desapaixonadas.

Bem, o fundo histórico que deu origem aos Estados Unidos foi, na verdade, a velha civilização feudal europeia. Toda a história moderna teve origem no Império Romano. Todos os cálculos são feitos a partir desse elemento. As antigas civilizações culminaram no Império Romano, e deste nasceram as culturas medievais e modernas, bem como as sociedades organizadas. O Império Romano se desfez gradativamente e desapareceu, devido a diversas causas que não nos interessam por ora; a ele, seguiu-se a condição caótica a que chamamos Idade Média; então, aos poucos, sem conhecimento consciente ou intenção dos envolvidos, surgiu a grande civilização feudal. A civilização feudal medieval foi uma conquista maravilhosa, e durante centenas de anos ela proporcionou ao povo europeu exatamente os instrumentos sociais e políticos de que ele necessitava para seu crescimento e autoexpressão. Forneceu-lhe um conjunto de tradições, costumes, leis e instituições que, embora não sendo perfeito — arranjo humano algum jamais o é —, era útil e adequado, no todo, ao trabalho que precisava ser feito.

Todas as boas coisas, contudo, acabam deixando de ser úteis e chegando ao fim, e, enquanto o conhecimento em expansão do Homem e o poder que deriva desse conhecimento em expansão se acumulam, o sistema feudal foi se tornando ultrapassado, como já ficara antes dele o Império Romano, e surgiu a necessidade imperiosa de uma sociedade nova, muito mais ampla e livre. Essas grandes transformações raramente chegam com facilidade. A coisa ultrapassada quase nunca abdica, sem luta, dos restos de sua autoridade decadente, e assim o feudalismo morreu de maneira penosa e duradoura, não sucumbindo

Mude sua vida

senão no final da Primeira Guerra Mundial. Os grandes movimentos espirituais e intelectuais, a que damos o nome de Renascimento, Reforma, Revolução Industrial, Revolução Francesa e, em especial, como pretendo mostrar, a Revolução dos Colonizadores Americanos, foram todos atos únicos nesse grande drama.

O fechamento do caminho direto para o Oriente levou à descoberta da América por Colombo em 1492, e isso deu um tremendo ímpeto à imaginação dos homens. A invenção de uma imprensa viável liberou-lhes as mentes e tornou a Reforma — a qual, em princípio, significava o repúdio da autoridade em assuntos espirituais — inevitável. E, uma vez atingido esse ponto, a liberdade política seria apenas uma questão de tempo e oportunidade. O único problema era saber como e onde surgiria.

A despeito das mudanças revolucionárias obtidas em assuntos mentais e espirituais, o feudalismo, em seu aspecto político e social, ainda se mantinha firmemente entrincheirado em meados do século XVIII. A despeito da Reforma e dos sonhos utópicos de certos intelectuais e filósofos, não havia nada parecido com liberdade política, tal como a conhecemos hoje, em qualquer parte da Europa. Relativamente, um pouco mais livres em certos lugares e um pouco menos em outros, a dura realidade era que os homens tinham medo (fosse qual fosse a sua maneira de pensar) de dizer ou fazer o que lhes agradava, que poderia incorrer no desagrado das autoridades no poder.

Porém, uma vez que qualquer grau de liberdade espiritual seja conquistado, quer por um indivíduo quer por uma nação, então será apenas questão de tempo para que essa liberdade interior se expresse

EMMET FOX

exteriormente. E, assim, era inevitável que a humanidade também alcançasse a liberdade política. E o único problema era saber onde o processo teria início, em que país a semente da liberdade germinaria. Quando pensamos no mapa da Europa em meados do século XVIII, de norte a sul e de leste a oeste, buscamos, em vão, um local provável para que isso acontecesse. Por toda parte, é claro, havia indivíduos preparados para a novidade, mas em parte alguma havia uma corrente firme de opinião pública a seu favor, muito menos um governo estabelecido propenso a tolerar qualquer gesto nesse gênero.

E só quando voltamos os olhos da Europa para o outro lado do Atlântico — para as novas, ou comparativamente novas, colônias de europeus na costa dos Estados Unidos — é que encontramos algo semelhante ao que estamos buscando. Nos Estados Unidos pelo menos tem-se — embora talvez não seja de forma alguma a democracia ideal sonhada pelos poetas — uma comunidade relativamente simples, bastante democrática em comparação com a Europa, na qual as realidades do feudalismo jamais conseguiram enraizar-se porque o coração desse sistema já estava morto antes que essas colônias tivessem surgido. No Novo Mundo, até o mais ferrenho dos conservadores estava tão longe de casa e da atmosfera natural do feudalismo que, mesmo sem saber, era, em muitas coisas importantes, bem mais radical do que a maioria dos liberais em Londres.

Algumas das comunidades mais influentes nos Estados Unidos foram fundadas e construídas por refugiados religiosos que escapavam de perseguições em sua terra natal. E assim, mesmo em presença das severas leis puritanas, e não de uma pequena tirania puritana, a prin-

Mude sua vida

cipal corrente subconsciente de pensamento e sentimento — aquilo que de fato influi na opinião pública — não continha em definitivo nenhum daqueles profundos instintos de respeito incondicional pela autoridade estabelecida que ainda eram parte integrante da mentalidade europeia.

Vemos, portanto, que era inteiramente natural, quando chegou a hora de a Europa romper os grilhões do feudalismo e começar a estabelecer a liberdade política, que o grande impulso espiritual — pois não se tratava de outra coisa — tomasse o caminho da menor resistência e surgisse não na França, não na Inglaterra, não na Alemanha, mas naquilo que era chamado então de Colônias Americanas. Em outras palavras, a Revolução Americana não foi uma mera luta — entre a Inglaterra, a Pátria-Mãe, e uma colônia rebelde — que talvez pudesse ter sido evitada por uma diplomacia mais hábil, ou o uso mais rápido da força, ou uma batalha decisiva. Foi nada menos que a parte vital da grande marcha da humanidade na estrada da liberdade, porquanto — e que não haja engano quanto a isso — a marcha da humanidade, a despeito das opiniões estreitas dos pessimistas, é sempre para frente e para o alto na direção de coisas mais belas, maiores e melhores. Pode haver um ou outro recuo temporário de quando em vez, nos Estados Unidos ou em outro país, mas a marcha geral da História é para frente e para o alto em direção à liberdade.

Era inevitável que o movimento para um governo democrático efetivo irrompesse entre aquele grupo de pessoas que tudo haviam arriscado pelo direito de procurar a verdade espiritual onde lhes aprouvesse, e pelo direito de adorar a Deus a seu modo.

E assim as Colônias se revoltaram; travaram uma batalha terrível; venceram-na; e estabeleceram — ao menos em tese — a doutrina de que os governos justos derivam a sua autoridade do consentimento dos governados e não de algum suposto direito divino, ou qualquer direito de conquista ou força bruta. Para os nossos propósitos, não há necessidade de levarmos em consideração os detalhes da luta, ou de medirmos o valor ou a falta de valor das personalidades nela envolvidas. A insensatez do rei George III e a estupidez do general Burgoyne por um lado, e o caráter singular de George Washington por outro, são independentes do princípio em questão. É improvável que as Colônias tivessem vencido sem a combinação extraordinária de qualidades que Washington possuía; porém, mesmo que não houvessem vencido quando venceram, tê-lo-iam feito mais tarde um pouco, pois era inevitável a existência dos Estados Unidos independentes. Eles tinham de ser independentes de qualquer governo europeu para que se cumprisse o seu destino histórico.

O ponto essencial que temos de observar é que, nos princípios por eles proclamados na Declaração de Independência e em outros documentos, os Pais da Constituição estabeleceram claramente o padrão e o exemplo que mais tarde seriam seguidos pelos arautos da Liberdade em toda parte. E eles estabeleceram esses padrões com o cérebro e o coração, e os tornaram possíveis como um fato consumado graças a seus êxitos militares.

Desse modo, a bem-sucedida revolução dos Colonos Americanos não foi uma simples vitória local para as Treze Colônias. Foi nada menos que um dos grandes momentos decisivos na história da huma-

Mude sua vida

nidade, porque desviou em definitivo o curso principal da História em determinada direção. Ao estabelecer o padrão para o desenvolvimento posterior do povo europeu, estabeleceu o padrão definitivo para toda a humanidade. Se uma república democrática não tivesse sido criada no continente americano em 1776, a Revolução Francesa, que ocorreu 13 anos depois, não teria tomado o rumo que tomou. E, se a Revolução Francesa não tivesse tomado o rumo que tomou, toda a história do mundo — não apenas hoje, mas em todas as épocas futuras — teria sido diferente também.

Foi o êxito da Revolução Americana que estabeleceu a doutrina dos Direitos Humanos no seu verdadeiro sentido, tal como a doutrina do direito à liberdade individual em todos os planos, que pertence ao Homem em sua qualidade de imagem e semelhança de Deus. Pois é isso o que de fato significa a frase na Declaração de Independência que diz respeito à vida, à liberdade e à busca da felicidade. Essa asserção do Direito Divino no sentido de que cada homem e mulher se desenvolvam à sua própria maneira é o Direito Fundamental do Homem; e, embora esse princípio possa estar momentaneamente oculto em determinados lugares, sobretudo em consequência do caos oriundo da Guerra Mundial, o eclipse é apenas temporário, e, no longo prazo, a vitória da liberdade será conquistada.

A Revolução Francesa, muito mais influenciada pelo que aconteceu nos Estados Unidos do que muita gente imagina, seguiu seu curso e vem ecoando desde então ao longo da história do mundo. A obra que realizou em prol da liberdade humana foi tão fundamental e avassaladora que — devido ao seu próprio êxito — tendemos, por vezes, a minimizar a sua importância nos dias de hoje. Como o velho mundo feudal que ela derrubou desapareceu de maneira tão completa que temos de buscar na Rússia Czarista algo que se assemelhe a ele, podemos esquecer com facilidade o quanto era ruim, e que aterrador podia ser o feudalismo na sua decadência e morte lenta. A Revolução Francesa, todavia, correu o mundo todo para cima e para baixo, nos últimos 140 anos (ainda outro dia chegou à Espanha), e toda essa onda de liberdade brotou, essencialmente, do exemplo dado pelos Colonos Americanos ao criarem, com êxito, os Estados Unidos.

Os povos de língua inglesa sempre foram pioneiros na causa da liberdade humana. Sempre sentiram, intuitivamente, que a liberdade pessoal é o primeiro e o maior dos bens, e que nenhum outro benefício poderia compensar a sua perda. No Velho e no Novo Mundo, eles conduziram a humanidade no estabelecimento da liberdade pessoal, e na ciência e arte de governar a si mesma, que é a sua única garantia. Foi o povo inglês que, no Velho Mundo, deu o primeiro golpe em prol da liberdade individual. Ao longo da sua história, contestou a ideia do domínio despótico tanto na política quanto na religião e, sempre que suas condições não representavam um obstáculo insuperável, estabeleceu a liberdade, de fato, até onde fosse possível. A *Carta Magna*, o *Habeas Corpus*, a Carta de Direitos, o julgamento por júri, tudo isso constituiu um presente da Inglaterra para o mundo. Em busca desse princípio, ficou irritada e decapitou um rei. E nem se imagina o que teria feito a outro rei, se este não tivesse fugido do país antes que pudesse ser agarrado. As instituições parlamentares em sua forma efetiva tiveram origem, é claro, na "Mãe dos Parlamentos"; e os Colonos

Mude sua vida

Americanos, em sua revolta contra a Coroa Britânica, estavam agindo apenas em perfeita conformidade com as antigas tradições inglesas.

Não há dúvida de que, se a maioria do povo inglês tivesse sido consultada em 1776, seu veredito seria a favor dos Colonos. George Washington teve de lutar por sua vida, não contra o povo inglês, mas contra a pequena e fechada oligarquia que estava no poder.

O povo da Inglaterra não tinha voz ativa na eleição dos governos e, portanto, no controle de suas políticas, até a Lei da Reforma de 1832. Green, o historiador, fala dessa época:

> Numa época em que se tornara onipotente no Estado, a Câmara dos Comuns deixara de ser, num sentido real e efetivo, um corpo representativo. [...] Grandes cidades como Manchester e Birmingham permaneciam sem um representante, enquanto ainda havia representantes para municípios que, como Old Sarum, já tinham sumido da face da Terra. [...] Até mesmo em cidades que possuíam um direito real à representação, a redução dos privilégios municipais [...] a uma pequena parcela dos habitantes e, em muitos casos, a restrição dos direitos eleitorais aos membros da corporação governamental tornavam a sua representação meramente nominal. [...] *De uma população de oito milhões, apenas 160 mil eram eleitores.* O quanto uma Câmara assim estava de fato longe de representar a opinião inglesa ficou evidente pelo fato de que, no auge da sua popularidade, Pitt mal pôde ocupar um lugar nela. [...] Um reformador podia alegar, sem possibilidade de um desmentido:

"Esta Câmara não é representativa do povo da Grã-Bretanha. É representativa de municípios nominais, de cidades arruinadas e exterminadas, de famílias nobres, de indivíduos ricos, de potentados estrangeiros." [...] O Parlamento na verdade se tornara supremo, e em tese o Parlamento era representativo de todo o povo inglês. Mas, na prática, o grosso do povo inglês era impotente para controlar o curso do governo inglês.

O Império Britânico Ultramarino também pode creditar a sua liberdade à vitória norte-americana. Foi a lição de Yorktown, aprendida e digerida com meticulosidade pela casta governamental inglesa, que levou à concessão de completa autonomia às colônias britânicas, uma após outra, sem o que elas não teriam permanecido sob a bandeira britânica por uma geração. Nessas circunstâncias, essas colônias gozam agora de uma completa liberdade e são repúblicas virtualmente independentes. São membros leais e satisfeitos da Comunidade Britânica de Nações por causa de sua liberdade, e não a despeito dela. Essa Comunidade não é um sistema federal, mas uma cadeia de alianças livres. Entre outras coisas, é uma garantia esplêndida contra a guerra entre quaisquer desses países.

Tendo delineado o desenvolvimento da liberdade intelectual, social e política, chegamos ao passo seguinte, de importância capital na história da humanidade, e que é o surgimento das novas ideias que chamamos de Verdade, ou Ciência Divina. Essa grande revelação é, na verdade, o cristianismo primitivo, ou a doutrina da Plenitude e Disponibilidade de Deus. É a doutrina de que Deus está presente em toda

Mude sua vida

parte, o tempo todo, e de que todos os homens e todas as mulheres têm o direito e o poder do acesso direto a Ele, sem a mediação de qualquer pessoa, instituição ou outra autoridade humana, e é também o significado real da cláusula que, na Declaração de Independência, diz: "Todos os homens são criados iguais." Este foi o outro grande passo em prol da humanidade, e aqui de novo surge a pergunta: Onde deveria, onde poderia aparecer uma doutrina assim com alguma perspectiva de ser recebida pelo povo?

Façamos uma pausa para considerar o que significa esse ensinamento. A doutrina da Plenitude e Disponibilidade Imediata de Deus é, sem dúvida, a descoberta mais revolucionária e mais importante que a raça humana jamais fez. A Imanência de Deus na Sua criação sempre foi conhecida pelos membros mais adiantados da humanidade, porém apenas pouquíssimos compreenderam aquilo que é, para nós, a implicação mais vital dessa doutrina, a saber, que a Imanência de Deus significa que Ele está instantaneamente disponível a qualquer ser humano que se volte para Ele, em pensamento, em busca de cura, de inspiração, de ajuda de qualquer tipo. A descoberta desse fato é, sem dúvida, o acontecimento mais importante que já houve tanto para a espécie humana como para o indivíduo. O que existe por aí que lhe possa ser comparável ainda que por um só momento? Quando consideramos a luta terrível que a humanidade enfrentou para atingir até mesmo a nossa atual e relativamente atrasada condição — pois enquanto a doença, a pobreza e, acima de tudo, a guerra continuarem, de que outra coisa poderemos nos chamar senão de atrasados? —, quando consideramos a luta terrível que a maioria dos homens e mulheres de todos os povos e idades enfrentou para conseguir até mesmo o tanto de saúde, prosperidade e felicidade que possui, percebemos que transcendente descoberta significa esse conhecimento de que o poder de Deus, o Poder, a Inteligência e o Amor Infinitos podem ser convocados para afastar cada um de nossos problemas e de que não precisamos confiar mais em nossos débeis e vacilantes esforços.

Isto é, de fato, o cristianismo científico — a mensagem cristã original. Ela é encontrada ao longo de toda a Bíblia, mas só quando se chega ao Novo Testamento é que ela é afirmada de modo explícito. Infelizmente, permitiu-se que o movimento cristão se tornasse um Departamento de Estado no governo de Constantino, e então a ideia Espiritual logo desapareceu da mente dos homens. De vez em quando, no decorrer dos séculos, a mensagem original de Jesus foi em parte redescoberta por várias pessoas preocupadas com as ideias espirituais. Em especial, George Fox, o fundador dos quacres, na verdade chegou muito perto dela. Mas foi só por volta do segundo quartel do século XIX que a ideia Espiritual tornou a surgir em sua plenitude.

Agora vemos que várias coisas tiveram de acontecer antes que pudesse ocorrer o moderno e grande Renascimento da Verdade. A primeira delas foi a preparação intelectual. A ideia Espiritual é uma experiência puramente espiritual; mas, para ser aplicada com inteligência, precisa também de ser apreendida pelo intelecto. A não ser que tenha alguma compreensão intelectual da teoria que a fundamenta, você apenas será capaz de aplicá-la ocasional e fortuitamente. É claro que existem hoje muitas pessoas que só a têm dessa maneira. Obtêm resultados de vez em quando, só pelo exercício da natureza sentimen-

Mude sua vida

tal, sem ter uma noção clara do que estão fazendo; mas isso significa que nós nunca somos de fato senhores do Verbo, como temos o direito de ser. A maioria dos estudantes da Verdade, contudo, agora percebe de maneira total a necessidade de um pouco de entendimento intelectual a fim de completar a sua compreensão espiritual, e este fato é a nossa garantia de que a Verdade não se perderá de novo como se perdeu no século IV.

Para que as pessoas possam ter esse entendimento intelectual, é necessário que tenham o conceito da Lei Natural. É provável que a diferença fundamental maior entre o que chamamos de era moderna e o restante da História esteja no fato de que, pela primeira vez na evolução da raça humana, o público em geral compreende a ideia da Lei Natural. Hoje, até mesmo as crianças em idade escolar percebem de forma completa que vivem num mundo governado pela lei, não pelo acaso. Compreendem muito bem que, se a luz elétrica está faltando, é porque as leis da eletricidade foram infringidas em algum ponto do circuito — a queima de um fusível ou de uma lâmpada, um interruptor que se apresenta defeituoso. Nunca lhes ocorre que a falta de luz foi um ato arbitrário de Deus para castigar alguém. Do mesmo modo, quando uma cidade sofre uma epidemia, as pessoas compreendem que se cometeu algum erro em alguma parte, em geral no tocante à higiene, ao passo que antigamente se aceitava, com naturalidade, a ideia de que a peste chegara à cidade como um ato direto de Deus, e sem referência às condições de saneamento e similares. Assim também as boas e más colheitas, um prédio atingido por um raio, terremotos, macaréus e todos os outros fenômenos naturais são agora perfeitamente compreendidos como consequência de leis naturais. Em outras palavras, ninguém supõe que Deus manifeste a Sua majestade infringindo as Leis da Existência, mas sim cumprindo-as.

Bem, essa concepção da Lei Natural simplesmente tinha de ser aceita pelo público em geral antes que o ensinamento a que damos o nome de Verdade pudesse ser difundido entre o povo. A completa ideia de tratamento espiritual ou Oração Científica é a confiança na realidade de Deus como Princípio. A nossa confiança, que é o segredo de toda demonstração espiritual, reside no fato de que Deus, que é a Harmonia Infinita, não pode causar nem endossar outra coisa que não seja a harmonia perfeita em Sua manifestação.

Em todas as épocas, as pessoas fizeram suas preces com o espírito de pedir a Deus que realizasse um milagre especial em seu benefício, naquele momento suspendendo as leis naturais "só por esta vez" para tirá-las de uma encrenca. Porém, a fim de que a verdade espiritual pudesse prevalecer, e a prece se tornasse de fato científica, o Homem tinha de atingir o estágio no qual o apelo para que Deus o ajudasse não significasse uma ruptura das leis naturais, mas sim que o poder de Deus *cumprisse* a lei da harmonia para livrá-lo de sua dificuldade. Tal atitude não poderia ter sido obtida, em geral, muito antes do século XIX. Agora, no século XX e daqui em diante, é a única atitude que as pessoas consentirão adotar. Aqueles que foram criados dentro da maneira ortodoxa de pensar em muitos casos abandonaram por completo a oração justamente porque haviam atingido aquele estágio de desenvolvimento intelectual em que não podiam resolver-se a pedir um milagre particular sem se sentirem ridículos. A compreensão da

Mude sua vida

Plenitude de Deus nos ensina que o pecado, a doença e a morte é que são nossos "milagres particulares", e que a harmonia e a felicidade integrais são a típica condição de vida projetada por Deus.

A compreensão intelectual da lei foi uma das condições necessárias para o renascimento dessa verdade. E uma condição exterior de liberdade política com uma tradição de independência pessoal de julgamento foi o outro fator essencial.

Faremos agora uma pausa para considerar por que essa doutrina, quando estava para surgir no mundo, necessitaria das condições sociais e políticas especiais encontráveis apenas nos Estados Unidos e cuja criação foi, na verdade, o motivo real pelo qual os Estados Unidos passaram a existir. Ela, de fato, surgiu entre o povo simples, sem instrução, comum da Nova Inglaterra — agricultores, pequenos comerciantes, artesãos e assim por diante. Uma grande ideia nunca chega ao mundo num ponto isolado; sempre irrompe mais ou menos na mesma época, porém em diversos níveis de nitidez, em vários locais diferentes. Quando compreendemos que existe uma mente comum a todos os seres humanos, vemos por que isso tem de ser assim. Essas ideias irrompem em vários pontos em que, por esse ou aquele motivo, há uma passagem fácil. Costumamos dizer que certas ideias "estão no ar". Bem, essas ideias estavam "no ar", isto é, na mente da humanidade, nessa época; e assim aconteceu que várias pessoas as tiveram em diversos graus de intensidade mais ou menos ao mesmo tempo. Desde então, discutiu-se um pouco, em certas esferas, sobre quem teria a honra da prioridade, mas esse ponto não tem a mínima importância. A honra da prioridade, se é que deve ir para alguém, provavelmente

EMMET FOX

pertence a Phineas Park Quimby, um fabricante de relógios de Portland, no estado do Maine. Quimby não tinha aquilo que convencionamos chamar de instrução. Praticamente não havia estudo algum; mas era por natureza um homem muito espiritual, e tinha a grande qualidade de largueza de espírito e muita inteligência inata. Como Faraday, um encadernador de livros e um gênio semelhante que, às vezes, é chamado de Pai da Engenharia Elétrica, Quimby tinha um dom natural para a experimentação científica, que ele aplicou ao assunto da cura mental e espiritual. Mas a coisa estava no ar, de um modo geral. Emerson, obviamente, é o profeta do ensino — porém Emerson, com seu distanciamento acadêmico dos fatos, não lhe descobriu a aplicação prática para a saúde do corpo e dos assuntos de interesse público. Prentice Mulford também a percebeu, de modo independente, mas não com a mesma clareza de Quimby, e parece nunca ter feito distinção definitivamente, entre o espiritual e o psíquico. Houve também diversos outros pioneiros.

Uma pergunta natural que se apresenta a essa altura é a seguinte: Por que tal descoberta, a mais importante em toda a história da humanidade, foi deixada aos cuidados de um fabricante de relógios autodidata? Por que a descoberta não foi feita em Harvard, Yale, Oxford, Cambridge ou quaisquer dos grandes centros educacionais do continente? Por que, por falar nisso, a Grande Verdade não foi revelada a um dos bispos, arcebispos ou qualquer um dos líderes intelectuais ou espirituais reconhecidos? Será que o Espírito Santo tem preferência por gente simples e sem instrução e preconceito contra estudo e liderança? A resposta, claro, é que o Espírito Santo, que, na verdade,

Mude sua vida

significa a Sabedoria de Deus em ação, não tem preferência alguma. Não sabemos que Deus é imparcial? Mas existe uma condição indispensável que tem de estar presente se a revelação espiritual for recebida — deve haver liberalidade e ausência de orgulho espiritual. Jesus formulou essa regra quando disse: "Se você quer entrar no Reino dos Céus, deve ser como uma criancinha." E a nossa educação acadêmica moderna, quer religiosa, quer profana, revelou uma insuficiência paralisante — não desenvolveu humildade espiritual ou intelectual. Pelo contrário, exibiu uma tendência fatal para fomentar o orgulho espiritual. Homens e mulheres de formação acadêmica com muita frequência passam a achar — nem sempre de modo consciente — que as coisas devem acontecer de determinada maneira, por ser aquela com que foram acostumados... e a voz de Deus sussurra eternamente: "Eis que torno novas todas as coisas."

Em igualdade de condições, essa mensagem teria vindo para os líderes das grandes universidades ou para os dirigentes das grandes igrejas porque, como consequência de suas posições oficiais, tais pessoas teriam podido difundi-la com mais rapidez e para um maior número de pessoas do que poderia fazer alguém obscuro. E, como a Sabedoria Divina sempre escolhe o caminho da eficiência, ela teria dado preferência a esses canais. Porém, infelizmente, esses canais estavam fechados. O canal mais desimpedido para a doutrina de Jesus Cristo era o fabricante de relógios de Portland, e como sempre recebemos, em todos os momentos, exatamente aquilo que merecemos (o que significa exatamente aquilo para que estamos prontos), o fabricante de relógios recebeu a revelação. Mais uma vez, o dedo de

Deus fez baixar os poderosos de seus assentos e exaltou os humildes e desconhecidos.

Já que a Grande Mensagem tinha de vir por meio de um canal humilde, por que não podia ter acontecido em qualquer outro país da Europa? Por que eram tão necessárias as condições encontráveis apenas nos Estados Unidos? A resposta é que na Europa, ainda sob a declinante sombra da era feudal, havia muitas almas humildes que seriam um canal bem desimpedido para a recepção da Verdade; porém, embora qualquer uma delas pudesse receber a ideia da Verdade, é provável que, em seu próprio julgamento, não tivesse fé suficiente para aceitar a inspiração que recebera. Ou, mesmo que a tivesse, não lhe teria sido possível divulgá-la, dadas as condições sociais e políticas que então prevaleciam.

Imaginemos que um fabricante de relógios ou um camponês na Inglaterra tivesse recebido essa grande ideia. É quase certo que teria consultado o vigário de sua paróquia ou o pastor de sua capela sobre a coisa maravilhosa que lhe acontecera. O vigário ou pastor poderia tê-lo recebido de maneira bondosa, mas sem dúvida teria dito: "Essas suas ideias parecem atraentes e interessantes, mas não podem ser verdadeiras porque não estão de acordo com os ensinamentos de nossa Igreja. Portanto, são falsas e perniciosas, e o simples fato de serem naturalmente atraentes as torna ainda mais perigosas para aqueles que têm a infelicidade de entrar em contato com elas. Não fale disso a mais ninguém e tente esquecer o assunto. Satã, que está sempre ativo e é mais sutil do que se pode imaginar, preparou-lhe uma armadilha."

Mude sua vida

Na Alemanha ou na Escandinávia, o pastor local, e na França e na Itália, o padre da paróquia tê-lo-iam recebido de maneira quase idêntica. Apenas nos Estados Unidos havia na época uma tradição de independência pessoal, entre o povo simples, que podia tornar possível tanto o recebimento quanto a publicação da Grande Mensagem. E, assim, foi nos Estados Unidos que aconteceu.

Desse modo, vemos agora que, quando chegou a hora de a Humanidade dar o seu grande passo, o terreno já havia sido preparado pela colocação de um grupo selecionado de gente da Europa num novo continente, que era a única maneira pela qual eles podiam ser libertos da servidão de inúmeras e ultrapassadas tradições e maneiras de pensar. Foram colocados num novo continente porque têm um novo trabalho a fazer em prol da humanidade. E agora consideraremos de maneira ampla que trabalho é este.

O destino histórico dos Estados Unidos é, em primeiro lugar, trazer à luz essa Verdade que, por conveniência, estamos chamando de Ciência Divina, proporcionando-lhe a única atmosfera na qual poderia nascer e viver; em segundo lugar, os Estados Unidos estão destinados a produzir uma nova nação completamente diferente de qualquer das nações já existentes; e, em terceiro lugar, estão destinados a estabelecer uma nova ordem social, tão diferente do feudalismo quanto este era diferente das outras civilizações que o precederam. A essa nova ordem que, aos poucos, está tomando forma neste continente, chamarei, à falta de melhor definição, o Sonho Americano. O termo foi bastante usado por um ou dois escritores modernos e servirá muito bem ao meu propósito. E agora vou pedir que você considere o que é de fato o Sonho Americano.

O Sonho Americano não é uma fantasia romântica passageira, mas sim uma nova atitude perante a vida, e uma nova ordem social. O Sonho Americano representa, entre outras coisas, a ideia de que todos os homens e mulheres, independentemente de quem tivessem sido seus pais, terão direitos e oportunidades iguais. É a fé inabalável em que todo tipo de capacidade surge de maneira indiscriminada em todas as classes da comunidade, e que a criança pobre e sem amigos, ao lhe ser dada oportunidade, tem tanta chance de desenvolver nobreza de caráter, ou talento intelectual e espiritual, quanto a criança mais popular do país. Corporifica a ideia de que homens e mulheres, quando não são segregados uns dos outros por barreiras artificiais de casta social, podem dar-se bem, e que o serviço e a cooperação mútuos florescem melhor nessas condições. Desencoraja toda distinção artificial. Diz, na verdade, "as ferramentas para aquele que as sabe usar". O Sonho Americano encerra a ideia de que o homem comum se mostrará à altura das circunstâncias sempre que for chamado a assumir sua responsabilidade, e estará preparado para enfrentar qualquer emergência que possa surgir; e, implicitamente, contém a ideia de que não existe dificuldade que a humanidade não possa vencer, se de fato assim o desejar, pois "querer é poder".

Na Europa, e mais ainda na Ásia, sempre se teve a impressão de que certos males devem ser suportados porque são invencíveis e não existe saída para eles; porém, para o verdadeiro Espírito Americano, nada é invencível. Ele se compraz em enfrentar problemas difíceis. O Espí-

Mude sua vida

rito Americano não se assombra com nada, nem tem respeito exagerado por coisa alguma em particular, seja ela viva ou morta. Tem ligeiro apreço por qualquer tipo de autoridade, e isso se deve ao sentimento intuitivo de que as nossas condições externas são na realidade e em essência mutáveis, e que o indivíduo tem domínio sobre todas as coisas. E tudo isso, é claro, é o que chamamos fundamentalmente de Ciência Divina.

Para essa grande obra que será realizada no continente americano — lembre-se de que o Sonho Americano está apenas começando a ser posto em prática —, a Providência Divina selecionou com grande cuidado seus instrumentos. Cada nação no mundo tem de executar, para toda a humanidade, uma obra específica que nenhuma outra nação pode fazer, assim como cada indivíduo tem o próprio trabalho que ninguém mais pode fazer. E, desse modo, a nova nação que está sendo agora formada no continente norte-americano será bem diferente de qualquer outra já existente. A nação americana será diferente da nação inglesa, ou da nação francesa, ou da nação alemã, ou da nação italiana, tal como essas nações são diferentes entre si. Porém, como se faz uma nova nação? Bem, uma nova nacionalidade não aparece já pronta na história, surgida do nada, tal como Minerva emergiu completa do cérebro de Júpiter. Não existe, é claro, essa coisa de raça ou nação de "sangue puro". Tal coisa seria contrária aos princípios essenciais da biologia. A História nos mostra que uma nova nação sempre se fez pela seleção e combinação de indivíduos de várias nações mais antigas. Assim como na química um novo composto com propriedades novas e originais é formado pelo agrupamento singular de velhos elementos, de igual modo também uma nova nação é sempre constituída por um reagrupamento de indivíduos de nações anteriores. A grande nação romana foi um agrupamento novo e maravilhoso de várias tribos antigas que jamais se haviam agrupado daquela maneira antes. A grande e singular nação francesa é uma combinação especial dos francos e gauleses e de outras nações mais antigas. O próprio povo inglês é um amálgama especial de diversas raças. Tennyson afirma que "saxões e normandos e dinamarqueses somos nós" — e ele bem poderia ter acrescentado também "um bocado de soldados romanos e muitos celtas e uma miscelânea de imigrantes posteriores também", já que estava falando no assunto, pois todas essas raças contribuíram para formar o moderno homem inglês.

Os elementos que vão formar a nova nação norte-americana foram selecionados pela Providência com grande cuidado, de todas as nações da Europa. Ingleses, irlandeses, escoceses, holandeses, alemães, italianos, escandinavos e outros — todos deram a sua contribuição. Todos foram convocados: teutões, latinos, eslavos, assim como anglo-saxões; tudo porque a Natureza resolveu fazer algo novo. Os anglo-saxões podem achar que uma seleção puramente anglo-saxônica seria o melhor; os teutões podem achar que uma nação germânica pura seria um plano bem mais adequado; e, sem dúvida, muitos latinos e eslavos também têm o seu ponto de vista sobre o assunto. Mas a Providência sabia o que fazia. E decidiu obter algo inteiramente novo, pois ela jamais se repete.

Bem, e como seriam selecionadas as pessoas destinadas a serem as fundadoras da nova nação? Em outras palavras, como se determinaria

Mude sua vida

quem devia ou não ir para os Estados Unidos? Imagine que a Providência teve de consultá-lo neste assunto vital e pergunte-se como teria arrebanhado os seus imigrantes. Bem, se você conhecesse muito pouco de História, talvez tivesse escolhido os cidadãos mais distintos do Velho Mundo do ponto de vista social e educacional — mas a História nos ensina que tais pessoas, embora admiráveis, não produzem nada de novo e não duram muito tempo. Conta-nos a História que uma aristocracia, quando atinge seu auge, entra em decadência. Ou então, talvez, você determinasse vários exames competitivos; e então obteria — bem, a gente tem uma ideia do que você obteria. Muitas pessoas têm uma ideia do que costuma ser a carreira do garoto que se revelou prodígio na escola. Raramente temos notícias de que fez algo, mais tarde, digno de nota, em especial o estabelecimento de uma nova civilização. Talvez você tentasse fazer alguma espécie de teste, armadilha ou rede para determinado tipo de pessoa. Esse plano também já foi tentado. Ao longo da História, imperadores e governos procuraram implantar colônias artificiais com pessoas escolhidas a dedo em diversos territórios, e em geral o saldo foi apenas muito atrito local e decepção final.

A pergunta que temos de nos fazer é: Quais qualidades gostaríamos de escolher? Se superarmos o primeiro grande perigo de escolher o tipo de pessoa com tendência a fazer a espécie de coisas que aprovaríamos, em vez de algo novo, provavelmente concordaríamos que, para construir uma nova civilização, necessitaríamos de qualidades de caráter, porque elas não podem ser ensinadas ou conferidas por meios artificiais. Conhecimentos, adestramento técnico, boas maneiras e hábitos sociais corretos podem ser adquiridos sem dificuldade alguma, pelo menos em uma ou duas gerações, se as bases de caráter estiverem presentes, para começo de conversa. E as bases de que necessitamos são, em primeiro lugar, coragem. Coragem física, moral e espiritual. Precisamos de espírito empreendedor. Precisamos de energia que tenha a sua válvula de escape. Precisamos de perseverança e determinação. Acima de tudo, precisamos de autoconfiança e engenhosidade. Precisamos de disposição para romper com as velhas tradições e presteza para assumir o novo ponto de vista.

Bem, e como vamos selecionar gente com tais qualidades entre vizinhos que não as possuem? Só há um modo de fazê-lo, e foi esse modo que a Providência arranjou para que os Estados Unidos recebessem aqueles elementos que construiriam o seu futuro, a saber, pela emigração espontânea. Uma emigração geral e espontânea para uma nova terra de oportunidade peneira, de forma automática e em seu todo, exatamente essas qualidades que enumeramos antes. São as pessoas que, em essência, possuem tais qualidades que, a longo prazo, deixam um antigo país, emigrando para outro novo, pois é bom não esquecer que a emigração não é algo fácil.

Considerem-se as condições de vida num país antigo, com um estado de coisas estabelecido e que não muda com facilidade. Possivelmente, ele terá excesso de população para seus recursos, e as oportunidades serão muito restritas para o homem ou a mulher comum, e praticamente nulas para os pobres. Seguir a mesma trilha palmilhada pelo pai será, na maioria dos casos, o máximo que poderá almejar o camponês ou o operário em qualquer parte da Europa. Alguns indi-

Mude sua vida

víduos subirão de baixo até o topo, mas somente aqueles muito excepcionais — "aves raras". Todos os jovens, pelo menos durante determinado período, são ambiciosos e aventureiros até certo ponto — "os pensamentos da juventude são pensamentos longos, muito longos". Ao entardecer, em todos os países da Europa, moços e moças se reúnem, após a labuta diária, para falar sobre as limitações de sua vida, a falta de oportunidades, os salários baixos, a insensibilidade dos pais e assuntos semelhantes. É muito frequente que meia dúzia deles, falando entre si, concordem: "Estou cansado disto; aqui não há nada para mim; vou para os Estados Unidos."

Dali a dez ou vinte anos, daquela meia dúzia, um estará nos Estados Unidos, enquanto o restante continuará reclamando das limitações de suas vidas, ou então se consolando com qualquer espécie de autoilusão, como as pessoas costumam fazer. Qual daqueles seis terá, em média, chegado aos Estados Unidos? Sem dúvida, aquele que possuir, no mais alto grau, as qualidades que enumeramos. Fazer a grande, e para eles terrivelmente dispendiosa, viagem entre a rua de sua aldeia e o Novo Mundo exige, dessa gente simples, qualidades que na verdade são nada menos que heroicas. Foi desse modo que os Estados Unidos receberam o seu material humano.

É assim que está sendo formada uma nova nação, e numa escala e com uma rapidez que jamais aconteceram antes na história da humanidade. Olhe-se para a história desse continente mais ou menos durante os três breves séculos de existência do povo norte-americano. Olhe-se para ela com algum sentido de perspectiva histórica, e indague a si mesmo se alguma grande obra nacional já foi realizada antes em tal escala e com tamanha velocidade. Nesse período, todo um continente foi explorado, subjugado e, em grande parte, desenvolvido, e o projeto fundamental político e social de uma poderosa nação foi criado de modo definido. Quase todos os antigos precedentes e tradições foram rompidos com êxito, e um novo método e um novo ângulo de enfoque de vida foram estabelecidos com êxito.

Qual é, afinal, a grande e saliente diferença entre a Europa e os Estados Unidos? Qual a coisa que mais impressiona, entre todas as outras, o visitante do Velho Mundo que viaja pelo Novo? Bem, isso eu lhe digo: é a *juventude*. Essa coisa grande, provocante, impressionante e saliente nos Estados Unidos é a sensação de juventude por toda parte. Como londrino, a grande e saliente diferença que vejo nos Estados Unidos é o espírito de juventude. Nos Estados Unidos todo mundo é jovem. Não importa o que diga o calendário: seu coração é jovem. Esta é a diferença saliente, e é também o segredo do Sonho norte-americano e da realização norte-americana.

Considere a história dos pioneiros da conquista do Oeste, um exemplo destacado desse Espírito americano. Algum dia, a História fará justiça àquela grande epopeia — pois é isto o que ela é — e ela receberá o tratamento literário que merece. Foi um movimento essencialmente individualista, planejado e executado por gente simples do povo, segundo o espírito do Sonho norte-americano. Sem qualquer treinamento especial de espécie alguma e sem quaisquer recursos reais, homens e mulheres a quem tudo faltava exceto a tradição pioneira e destemida dos Estados Unidos, desmancharam seus lares, fizeram as malas, arrumaram os filhos, os pais e os pertences domésticos — me-

Mude sua vida

sas, cadeiras, vassouras e panelas — em carroças, carroções, carros cobertos de lona, ou outro veículo que pudessem obter, e se lançaram para uma vastidão desconhecida e infestada de selvagens hostis. Lutaram e suportaram as dificuldades do começo ao fim; trabalharam, tiveram esperança, rezaram e, além do mais, trabalharam até firmarem os alicerces da grande e nova civilização Oeste que ainda está por vir. Bem diferente das invasões militares de soldados treinados, lideradas e fomentadas por peritos militares que o mundo conhecera anteriormente, ou o vaguear errante das tribos nômades de uma pastagem para outra. É uma história humana para emparelhar com a história que Homero canta, e nós a reconheceríamos como tal se não estivéssemos cegos pela familiaridade da estrutura na qual está inserida.

Os pioneiros do Oeste fizeram o seu trabalho e saíram de cena, porém outro trabalho de igual importância e de igual grandeza já aguarda seus sucessores. A tarefa que cada norte-americano tem diante de si é fazer com que o Sonho seja, em sua própria vida, tão real quanto lhe for possível, tornando-se pessoalmente livre: livre de corpo, alma e espírito. Livre de corpo, demonstrando saúde corporal. Livre de alma, liberando-se, até onde puder, de todo tipo sufocante de preconceito, seja de partido, de raça, de credo ou de casta; de todo esnobismo e limitação que séculos de opressão imprimiram à vida do Velho Mundo. Livre de espírito, sobrepondo-se a todos os grilhões de cobiça e inveja pessoais, despeito fútil, orgulho mesquinho e pequenos ressentimentos que são a desvantagem comum da humanidade em todos os países. O Sonho norte-americano não é uma bela teoria para ser escrita num papel, mas uma vida para ser vivida por causa de si mesma, por causa da nação e por causa da humanidade. A melhor constituição e a maior declaração de independência jamais feitas não passam de simples frases antes de serem incorporadas à vida prática das pessoas. E assim, a não ser que procure corporificar o Espírito norte-americano na sua vida e conduta pessoais, você não será um verdadeiro norte-americano, embora possa ter ancestrais que vieram no *Mayflower*.

Caso permitamos que se julgue o valor de um homem por qualquer coisa que não seja o seu caráter, ou que ele seja discriminado por qualquer motivo que fuja ao seu controle, não seremos verdadeiros norte-americanos. Se o julgarmos por seus pais, relações ou condições externas, e não por ele próprio, não seremos verdadeiros norte-americanos. Se nos deixarmos tolher por qualquer questão de precedentes ou tradições, não seremos verdadeiros norte-americanos. Se acharmos que qualquer tipo de trabalho honesto possa ser degradante ou aviltante, não seremos verdadeiros norte-americanos. Se, em vez de sermos independentes na simplicidade escolhermos a dependência no luxo, não seremos verdadeiros norte-americanos. Se nos deixarmos deslumbrar por um posto importante, ou intimidar ou hipnotizar por títulos pretensiosos ou ricos uniformes de qualquer tipo, não seremos verdadeiros norte-americanos. E, a não ser que acreditemos que o mais pobre rapaz ou moça que trabalha numa fazenda ou que brinca nas calçadas de uma grande cidade tem tanta chance — sendo-lhe dada a oportunidade — de se transformar na maior pessoa da nação norte-americana quanto a criança que nasceu em berço de ouro, então não seremos verdadeiros norte-americanos.

Mude sua vida

O destino maravilhoso dos Estados Unidos é indicado, para aqueles que compreendem, por um sistema extraordinário de símbolos espirituais que está presente em toda a vida nacional. É provável que em nenhum outro lugar se encontre um sistema de simbolismo tão completo e integral devotado a uma finalidade específica. Será bom lembrar que o simbolismo representa a linguagem da verdade oculta. Trata-se da forma mais primitiva de linguagem que o Homem conhece, e que permanece como mais fundamental. É a linguagem na qual o Homem primitivo tentava expressar coisas vagas e espantosas para as quais não tinha palavras nem, na verdade, ideias claras. É a linguagem na qual o subconsciente nos fala através dos sonhos e devaneios. E as coisas transcendentes que o Superconsciente tem para nos dizer são também transmitidas nessa linguagem.

Um dos pontos mais interessantes a respeito de um símbolo vivo, em oposição a um mero código morto, é que ele é constantemente exibido por todo tipo de pessoas que nem ao menos suspeitam do que estão fazendo. Elas divulgam — e, desse modo, ajudam a perpetuar — o símbolo espiritual, em geral sob a impressão de que estão apenas usando um ornamento ou decoração que agrada à sua sensibilidade artística, ou àquilo que elas consideram adequado. Desse modo, símbolos da maior importância para a humanidade são, com frequência, usados em coisas e atos comuns do dia-a-dia. E, a não ser que essas coisas nos chamem a atenção, passamos por elas sem reparar. É o que acontece com a coleção dos mais belos símbolos espirituais que dizem respeito ao destino dos Estados Unidos.

Assim, o grupo mais importante desses símbolos foi projetado para estar nas mãos de todo o povo norte-americano sem qualquer esforço especial da parte deste, e de modo tal que sua publicação não dependesse de algum interesse particular ou ajuste especial que pudesse desfazer-se, falhar ou desaparecer.

Qual é o objeto mais comum que circula por toda a nação, nas mãos de todos, ricos e pobres, no campo e na cidade? Que coisa é essa tão essencial à administração da vida diária que ninguém deixa de usar constantemente? E que é, ao mesmo tempo, o símbolo aceito da própria estrutura da sociedade? Ora, o dinheiro, é claro. O dinheiro, aparentemente a coisa mais banal e corriqueira na vida, é na verdade a expressão material da coisa mais fundamental que existe, pois é a nossa expressão da substância em si, e do relacionamento equilibrado de prestação de serviço entre os indivíduos. Compreender o verdadeiro valor do dinheiro implica ser próspero e livre; compreendê-lo de maneira errada significa empobrecimento de alguma forma, e, portanto, ser cativo. Fazer do dinheiro um deus é fazer-se escravo de si mesmo. Ignorar o dinheiro, ou compreender erroneamente o seu verdadeiro valor, mais cedo ou mais tarde acarreta pobreza. O dinheiro, compreendido de modo correto, é um expediente que nos habilita a proporcionar um justo retorno ao nosso semelhante pela sua prestação de serviço, mantendo, ao mesmo tempo, a nossa própria liberdade, coisa que qualquer outro sistema de câmbio, como a permuta, por exemplo, jamais poderia fazer. O argumento de que o sistema monetário moderno é insatisfatório na prática, e sem dúvida ele será radicalmente modificado em muitos detalhes importantes dentro de pou-

Mude sua vida

co tempo, não altera o fato de que o dinheiro em si é algo excelente, e o único meio que foi inventado para garantir ao Homem sua liberdade econômica.

Agora podemos compreender por que o destino histórico dos Estados Unidos, que vimos ser espiritual e libertador para a humanidade, deveria ser expresso de maneira espiritual num sistema de símbolos especiais, e isso explica o maravilhoso Mistério do dinheiro norte-americano. Na antiga Tradição Oculta (que, claro, é bem mais antiga do que os registros históricos aceitos), um sistema coerente de símbolos, que esconde por ora uma verdade vital daqueles a quem diz respeito, é conhecido como um Mistério.

O dinheiro norte-americano é, provavelmente, o mais maravilhoso e belo grupo de símbolos jamais criado entre os povos para expressar o seu destino nacional. Vários estudantes de metafísica nos Estados Unidos já estão familiarizados com alguns desses símbolos há muito tempo, porém mesmo para eles o Mistério real ainda está oculto. Passemos agora algum tempo investigando-o. Estou segurando uma moeda de 25 centavos de dólar (ou *quarter*), e aposto que nenhum objeto na vida é mais familiar para a maioria dos norte-americanos. Mas será que já olharam para ela de um modo espiritual? Bem, o primeiro elemento que noto é uma figura feminina belamente desenhada, segurando um escudo. A figura, também belamente feita, indica uma postura ereta e confiante. É uma figura desenvolta. Correspondendo ao escudo, o natural seria procurar-se uma espada na mão direita. Porém, em vez de uma espada material, ela segura um ramo de oliveira, o símbolo da paz e da boa vontade. A mulher, na simbologia, representa sempre a alma.

E aqui a alma está armada não com a espada de Marte, mas com a espada do Espírito, que é a Palavra de Deus. Se isso não é oração, ou tratamento espiritual, que será então? Por cima de sua cabeça, está escrita a palavra *Liberdade*, e a liberdade ou libertação de todas as limitações do pecado, da doença e da morte é a demonstração final da alma que está armada com a Palavra do Poder. A seguir, o que me chama a atenção é o lema gravado nessa moeda — sem dúvida, o maior de todos os lemas já escritos — *Confiamos em Deus*. Não será este o resumo de toda a sabedoria humana? Se você pudesse ter algum lema escrito sobre o seu coração, se vocês, como pais, tivessem o poder de escrever uma mensagem no coração de seus filhos, não gostariam de escrever ali "Confio em Deus"? Bem, a Inteligência Divina escreveu essas palavras para os norte-americanos em cada moeda manuseada. Observem que o perigo maior à posse do dinheiro é a sensação de falsa segurança que ele pode dar às pessoas, o que talvez faça com que elas confiem no próprio poder ou fortuna. Mas a Sabedoria Divina colocou o antídoto para esse veneno no próprio dinheiro — *Confiamos em Deus*.

Mude sua vida

Viro a moeda e vejo, do outro lado, uma divisa — também a maior de todas — que é nada menos que a Lei Cósmica condensada em três palavras; nada menos que todo um livro didático sobre a verdade metafísica e espiritual numa única frase; toda a Bíblia resumida: *E Pluribus Unum* ("De Vários, um Só"). Não é esta toda a história da descoberta da verdade sobre Deus feita pelo Homem? A princípio, o Homem acha que é separado do Divino e crê em muitos deuses, porém, à medida que a Luz da Verdade vai pouco a pouco nascendo em sua alma, ele passa, primeiro, de muitos deuses para Um Deus, e depois para o ponto final do conhecimento da sua unidade essencial com Ele, que é a salvação. A seguir, percebe a verdade cósmica — "Vários, porém Um; Um, porém Vários", que é o verdadeiro significado por trás dessa divisa. Essa é toda a história de Deus e do Homem como é ensinada nas doutrinas mais elevadas; por exemplo, na Bíblia, quando Jesus diz: "Eu e meu Pai somos Um." E aqui está ela, em cada moeda que cada norte-americano — homem ou mulher, menino ou menina — manuseia. A Bíblia inteira foi escrita para ensinar essa verdade à humanidade, e o movimento da Verdade Metafísica, do qual a Ciência Divina faz parte, foi projetado para difundir essa verdade nos tempos modernos. Existe apenas uma Presença e um Poder, mas essa Presença Se diversifica no Universo e Se individualiza no homem sem, contudo, deixar de ser Uma — *E Pluribus Unum.*

Finalmente, chego ao que talvez seja o mais belo de todos nessa bela moeda, a maravilhosa águia que voa, e pergunto: O que indica essa águia que voa pelos ares com suas asas fortes e belas? Bem, a águia, claro, é um símbolo de vitória. Mas há muito mais nela do que isso. Uma lenda antiga que diz respeito à águia nos conta que ela tem uma peculiaridade notável entre as aves; quando irrompe uma forte tempestade, todas as outras aves fazem uma de duas coisas: ou se escondem da tormenta na proteção de algum abrigo natural e conveniente, ou tentam lutar contra ela enquanto tiverem forças para isso. A águia, no entanto, não faz nem uma coisa nem outra — *eleva-se acima dela*. Nem luta contra a tormenta, nem foge dela, mas eleva-se acima dela. E o que é isso, pergunto eu, senão a Oração Científica como a praticamos? Na doutrina espiritual, aprendemos a não fugir de nossos problemas nem lutar contra eles com força de vontade, porém, voltando-nos para Deus e percebendo a Sua onipresença, a nos elevarmos acima deles no plano espiritual, onde existem paz e harmonia eternas. Sabemos que, se conseguirmos fazer isso, mesmo que por alguns momentos, a nossa dificuldade, seja ela qual for, começará a desmoronar, e que pela persistência na Oração Científica acabaremos por superá-la.

Porém, há ainda outra coisa acerca dessa águia que é de extrema importância. Não se trata de uma águia como as que serviram de símbolo a outras nações no passado. Não é como a águia romana; a prussiana, a czarista ou a águia-de-duas-cabeças da Áustria. É a águia-de-cabeça-branca,* e não usa qualquer coroa material. A adoção da águia-de-cabeça-branca como símbolo dos Estados Unidos não é um

---

* Trata-se da águia *Haliaetus leucocephalus*, que vive na América do Norte. Toda preta quando jovem, apresenta a cabeça e o pescoço brancos quando plenamente adulta, e, na velhice, também a cauda. Nos Estados Unidos é chamada de *baldheaded eagle*, literalmente *águia-calva*, o que explica a intenção do autor. (*N. da T.*)

Mude sua vida

mero acidente, mas um evento espiritual de extraordinária significação oculta, sendo importante lembrar que sua utilização é expressamente prescrita por uma lei do Congresso. Significa nada menos que o poder de contato direto com o Divino, ou, como costumamos dizer, a Prática da Presença de Deus. Aqui, é necessário sondar um pouco abaixo da superfície das coisas, como sempre acontece quando um símbolo é particularmente importante. O alto da cabeça sempre foi usado para significar a faculdade do contato direto com Deus, em oposição a uma aproximação com Ele por meio de qualquer canal intermediário. Isso é assim porque essa faculdade espiritual do homem real está expressa ou implícita, no plano físico, por meio da glândula pineal, e, no plano psíquico ou etéreo, pelo "acumulador de força", ou *chacra*, que se situa no alto da cabeça. O objetivo total do verdadeiro desenvolvimento espiritual é perceber nossa unidade essencial com Deus, e nós fazemos isso cada vez mais à medida que essa faculdade espiritual se desenvolve. No clero do mundo antigo, o alto da cabeça do candidato era raspado, ou tornado calvo, para simbolizar isso. E aqui, nos Estados Unidos, temos a águia-de-cabeça-branca dizendo-nos o mesmo de outra maneira — que o destino da nação americana é conduzir a humanidade ao estado em que a liberdade pessoal e a verdadeira autopercepção lhe darão de imediato o contato direto com Deus e o verdadeiro domínio sobre a própria vida. É por esse motivo que a águia não usa coroa alguma de autoridade pessoal ou material, mas ensina a soberania da Verdade Divina Impessoal.

Muitas pessoas que tentam buscar esse verdadeiro contato com Deus se permitem um desvio ou para o desenvolvimento do corpo físico, na esperança de que isso as torne espirituais, ou para o desenvolvimento psíquico, devido à impressão de que desenvolver os centros etéreos as levará a Deus. Todavia, nada poderia ser mais errado. O único desenvolvimento verdadeiro e seguro é o desenvolvimento espiritual pela Prática da Presença de Deus na Oração Científica.

Escolhi essa moeda em particular para discutir porque é a mais completa de todas na sua apresentação desses símbolos, os quais aparecem repetidamente, sob uma forma ou outra, em todo dinheiro norte-americano, sendo que, em certos casos, alguns deles são omitidos. Em alguns *quarters*, por exemplo, aparece apenas a cabeça da mulher, e em certas emissões de algumas outras moedas omite-se ou um ou outro dos lemas. É significativo notar que esse desenho particular, a expressão mais plena do destino americano, tenha aparecido no momento em que os Estados Unidos entraram pela primeira vez no campo internacional como potência mundial, a saber em 1916-1917. O *quarter* era a moeda apropriada para esse propósito, já que as de dez e cinco centavos de dólar eram pequenas demais por oferecer um campo um tanto restrito para a amostra; e a de meio dólar tem, é claro, uma circulação geral bem menor. Não é este *quarter*, em si, uma coisa muito bela e inspiradora para se possuir?

Na verdade, os Estados Unidos produziram em várias épocas um grande número de moedas belas e inspiradoras, em geral com a finalidade de comemorar algum evento histórico. Em seu conjunto, elas formam um história bem ilustrativa do país e corporificam e proclamam, num grau maior ou menor, os princípios que estamos considerando. Algumas delas são admiráveis. A moeda de ouro de vinte dó-

Mude sua vida

lares de St. Gaudens, por exemplo (de 1908 em diante), é não apenas uma das mais lindas moedas já cunhadas, mas um dos mais lindos objetos já feitos em qualquer lugar. Aqui a alma é representada como a Liberdade erguendo a tocha do conhecimento, e sabemos agora que a verdadeira liberdade só pode derivar da compreensão da Verdade Espiritual, que significa o conhecimento da Plenitude de Deus. O seu pé está colocado sobre a rocha da Verdade, e às suas costas o "sol da justeza" nasce "com a cura em suas asas". (A justeza é o conhecimento certo, ou a compreensão espiritual.) A distância, vê-se o Capitólio, em Washington, o qual significa, é claro, os Estados Unidos. A figura toda dá a impressão de extraordinária desenvoltura, confiança e júbilo despreocupado. No outro lado vê-se, naturalmente, a águia-de-cabeça-branca, também contra o entardecer. *E Pluribus Unum* e as 13 estrelas estão gravados na beirada da moeda a fim de que restasse mais espaço para os desenhos.

Além do seu dinheiro, os Estados Unidos têm um maravilhoso sistema de simbolismo nacional expresso em outras direções. A maneira pela qual o número 13, por exemplo, aparece em sua história e em seus emblemas nacionais é muito interessante. Sabemos agora que todo o mundo material é, na verdade, um sistema de vibrações vasto e complicado, e nada mais. A terra em que você vive, a casa em que mora, o corpo que carrega consigo, o alimento que come e as roupas que veste passam de sistemas e séries de vibrações. Isso quer dizer que aquilo a que chamamos números são, na realidade, os índices de vibração e têm uma significação que a maioria das pessoas desconhece. O número 13, por exemplo, às vezes é chamado "do azar"; mas isso é um completo absurdo, pois não há sorte ou azar num universo governado por lei. Fabricamos a nossa própria experiência pelo tipo de pensamentos que nos permitimos ter, e nada mais. Pense no bem, e o resultado será o bem; pense no mal, e o resultado será o mal. A regra é esta.

O número 13 é, espiritualmente, apenas uma expansão do número 4, e encontramos esse número emergindo de cada fase da história norte-americana. Treze Estados no começo, 13 assinaturas na Declaração de Independência, 13 listras na bandeira, 13 estrelas no dinheiro (conte-as), 13 penas na asa da águia, 13 flechas em sua garra, 13 folhas e 13 frutos no ramo de oliveira, 13 hastes na Insígnia da Câmara dos Deputados, 13 degraus na pirâmide norte-americana e 13 letras na divisa *E Pluribus Unum* — são coisas que logo nos vêm à mente. O próprio número 4 aparece como 4 de julho, dia em que foi assinada a Declaração de Independência e em que foi dada a ordem oficial para que se preparasse um Grande Selo Nacional. Aparece de novo no dia 4 de março, dia original da tomada de posse de um novo presidente, e ainda notamos que o mandato de um presidente dos Estados Unidos é de quatro anos, uma duração de mandato não usada em nenhum outro país. O 4, na simbologia, representa a expressão de um trabalho definido, construtivo, concreto. E, como já vimos, é destino histórico dos Estados Unidos fazer da ideia Espiritual uma expressão concreta tanto no plano físico quanto no mental. Isso explica por que as divisas no Grande Selo dos Estados Unidos são *Novus Ordo Seclorum*, significando que começou "uma nova série de eras" ou uma nova ordem de coisas; e

Mude sua vida

Annuit Coeptis, significando "Ele (Deus), favoreceu nossos empreendimentos". Ambas são de Virgílio. Nada poderia descrever melhor e com maior exatidão o que os Estados Unidos estão fazendo pelo mundo, e o fato de que têm uma missão Divina.

O Grande Selo dos Estados Unidos contém alguns dos símbolos mais extraordinários e interessantes do mundo. O anverso, ou frente, mostra a águia no estilo heráldico comum, e já tratei da significação vital da águia, embora se deva notar que ela segura um ramo de oliveira na garra direita e 13 flechas na esquerda, denotando que a paz e a boa vontade são a consideração primordial, e a defesa, apenas o último recurso. Do ponto de vista metafísico, o ramo de oliveira representa aqui a afirmação, e as flechas, a negação, e na Oração Científica devemos sempre começar afirmando a Presença de Deus. Usada de modo científico, a negação é de grande valor, mas sempre de importância secundária em relação à afirmação.

O escudo sem suporte que vemos aqui é uma novidade heráldica, já que a maioria dos escudos tem suportes de cada lado. O escudo norte-americano repousa sem suporte no peito da águia, significando que a Oração Científica se basta a si mesma e não necessita de reforços materiais ou externos.

O grupo de 13 estrelas na auréola e nuvens forma um timbre ou emblema bastante inconvencional acima da águia, mas isso, mais uma vez, é a repetição do anúncio de que a ideia Espiritual aparecerá em expressão definida e concreta nos Estados Unidos. As nuvens do materialismo e da incompreensão estão aqui afastando-se da humanidade, e o sol da Verdade está brilhando.

Mas o reverso ou as costas do Selo é ainda mais impressionante e admirável, se é que isso é possível. (O reverso é de difícil acesso à maioria do povo norte-americano. Em geral, não é mostrado nas enciclopédias ou em outras obras de referência, e por esse motivo estou dando aqui a sua reprodução.) Vemos aqui uma pirâmide inacabada (reparem nos 13 degraus), pois sem topo. Acima dela e dentro de um triângulo, aparece o antigo símbolo do olho-que-tudo-vê. Este, é claro, é o "Olho Único" de que Jesus falou. Disse ele: "Quando o olho é único, o corpo todo está cheio de luz", querendo com isso dizer que, quando um indivíduo ou uma nação coloca Deus em primeiro lugar, e todo o restante em segundo, então o corpo todo, a vida toda daquela pessoa ou nação será saudável e próspera. O triângulo é o símbolo da alma humana na qual a compreensão Divina tem de aparecer. O topo da pirâmide ainda não está colocado para indicar que o homem não consegue realizar um verdadeiro trabalho por si próprio; mas apenas como instrumento de Deus — tendo o Olho Único. O Homem tem o poder de pôr em jogo a ação de Deus por meio da oração, mas, sem a ação Divina, ele não pode, na verdade, conseguir coisa alguma. Por conta de o Homem ter deixado Deus fora de suas disposições com tanta frequência que todos os projetos humanos até agora têm sido transitórios. O Olho Único é a "pedra que os construtores rejeitaram", mas tem de se tornar "a pedra angular" do novo prédio que o povo norte-americano está edificando.[*]

---

[*] Ver nota no final deste capítulo.

Mude sua vida

Em seu sentido mais profundo, o Olho Único representa a verdade espiritual final da Plenitude de Deus (*E Plurubus Unum*), que é destino dos Estados Unidos tornar conhecida do mundo todo. "E o Evangelho deve primeiro ser pregado a todas as nações." (Marcos 13,10.) Foi para manter tal fato perante o povo norte-americano que os criadores do Grande Selo foram inspirados a colocá-lo ali. É significativo o fato de que esse lado do Selo, logo que foi projetado, não ter sido recebido favoravelmente. Não consideraram artístico e, mesmo agora, raras vezes é mostrado. E eu suponho que nem mesmo foi gravado ainda. Isso se deve ao fato de que só após a redescoberta da Ideia Espiritual — o que, como já vimos, ocorreu apenas depois do segundo quartel do século XIX — é que a sua importância real poderia ter sido compreendida por qualquer pessoa. Agora que o conhecimento da Plenitude de Deus está por fim sendo difundido, o desenho aos poucos será aceito e acabará emparelhando em popularidade com o verso. (A redação deste ensaio faz parte deste movimento.)

A pirâmide foi projetada para ter as mesmas proporções da Grande Pirâmide do Egito, e pressupomos estar olhando para o lado norte, que é onde fica a entrada para a Grande Pirâmide. Num desenho de perspectiva, era necessário mostrar um segundo lado, e o lado *oriental* foi escolhido especialmente com essa finalidade. Isso porque o Oriente sempre representou a iluminação ou a percepção de Deus. Para nós, mortais, o dia parece nascer no leste, e é por essa razão que muitas igrejas cristãs, bem como os templos da maioria das antigas religiões, eram orientadas — o altar era colocado na extremidade oriental do prédio para que os fiéis ficassem de frente para o sol nascente. O costume geral de enterrar os mortos com os pés no sentido leste, a fim de poderem ficar com o rosto voltado para o nascer do sol, deve-se à mesma razão. É, também, significativo o fato de que a pirâmide seja a forma geométrica que simboliza o Espírito, visto que é considerada a expressão permanente da chama viva — o princípio do fogo. Incidentalmente, a pirâmide representa um modelo de estabilidade, uma vez que, de todas as figuras sólidas, ela é a mais difícil de derrubar. Agora podemos compreender com facilidade que uma nação ou um indivíduo cuja vida é selada com esses princípios teve de fato um recomeço, um recomeço maravilhoso, e nada tem a temer.

Anverso   *Reverso*
O Grande Selo dos Estados Unidos

Aliás, toda a Constituição norte-americana é, em si, um belo símbolo, quase um diagrama, pode dizer-se da Verdade Suprema — *E Pluribus Unum*. De vários, um Só. Um porém Vários é a Verdade Cósmica suprema e final, e esse fato espiritual encontra expressão concreta na disposição política dos Estados Unidos. Eles são um, e essa unidade é a garantia da segurança e liberdade de cada um deles.

Mude sua vida

Porém, sem deixar de ser um, eles são vários, e essa liberdade local é a garantia do máximo crescimento e prosperidade de cada parte ou cada Estado. Vemos agora que os Estados Unidos não poderiam perdurar sem uma Constituição Federal. As condições de vida e as consequentes necessidades do povo, em localidades tão diversas quanto os estados do Maine, Arizona, Oregon e Louisiana, são tão diferentes e suas respectivas tradições e pontos de vista tão variados que só podem prosperar por meio de uma completa autonomia em seus assuntos locais. Os Pais da Constituição por certo não previram conscientemente a grande nação e potência internacional que surgiu de sua obra. Mas eram homens inspirados, conscientemente ou não, e, como homens inspirados, construíram algo melhor do que imaginaram. Essa disposição federal de unidade corporativa e liberdade individual é, como se vê, a perfeita expressão da correspondente relação de Deus com o Homem. Vale a pena observar que os poucos erros importantes que a nação norte-americana cometeu decorreram, na maioria dos casos, do abandono temporário desse princípio, ou porque o governo federal resolveu fazer, pelos estados em separado, algo que a Constituição pretendia que eles mesmos fizessem, ou porque deixou de fazer por eles algo que devia ter feito. É curioso e interessante observar que o distrito de Colúmbia, centralizando-se no presidente e, como um sol, cercado pelos 48 estados equilibrados à guisa de planetas, forma um belo hieróglifo do sistema solar em que todos vivemos, bem como do princípio cósmico *E Pluribus Unum*.

Bem, será que tudo isso significa que acho que a história futura dos Estados Unidos está a caminho de se tornar uma trilha simples e fácil

EMMET FOX

de desenvolvimento ininterrupto? Não, claro que não. A verdade é que uma vida tranquila e rotineira é, antes, sinal de velhice e decrepitude do que de juventude e vigor. É destino da juventude ter grandes problemas e dificuldades para enfrentar e resolver, e é glória da juventude ter visão e energia para fazer ambas as coisas sem medo. Quando a vida de um homem ou de uma nação se torna serena e monótona, isso significa que seu trabalho foi feito. Mas o trabalho dos Estados Unidos está apenas começando, e por esse motivo prevejo que nos anos vindouros haverá grandes problemas e dificuldades e até perigos a enfrentar e vencer. Mas sei que o povo norte-americano, enquanto for fiel a si mesmo e ao Sonho norte-americano, ou seja, enquanto permanecer unido no essencial, continuará a não conhecer derrota e a cumprir seu destino de servir ao mundo. As dificuldades e os problemas em si são uma boa coisa porque cada dificuldade superada é prova de um maior avanço na consciência.

Na verdade, só existe um perigo real que pode ameaçar a segurança dos Estados Unidos. Seu tamanho imenso — na realidade, trata-se de um subcontinente — e sua localização geográfica ideal tornam o país absolutamente imune a invasões a não ser que se trate de ataques de surpresa, os quais poderão não só ser muito dispendiosos como não ter efeito permanente. Não existe, e do ponto de vista humano não pode existir, nenhum inimigo externo que os Estados Unidos tenham necessidade de temer seriamente. O único risco que pode ameaçá-los é uma grave divisão de seu povo. O único perigo real que pode ameaçar os Estados Unidos é que uma parte do povo norte-americano venha a desavir-se tão acirradamente com outra que ambas cheguem

Mude sua vida

a esquecer a causa da unidade nacional e precipitem um conflito interno. Então, se de fato isso vier a acontecer, a casa dividida contra si mesma poderá cair; mas só dessa maneira. Se isso acontecer, não será de todo impossível que alguma potência estrangeira se aproveite do estado de paralisia do país — pois uma nação em guerra interna está, evidentemente, paralisada do ponto de vista militar — para atacá-lo. Isso quase aconteceu uma ou duas vezes durante a guerra entre o Norte e o Sul. E nos dias vindouros, em virtude das alterações que se verificam nas condições da estratégia militar e naval, tal perigo seria mil vezes maior. Com frequência, no decurso da História, as disputas internas destruíram nações grandes e pequenas, mas não há motivo para crer que o povo norte-americano cometa tal erro obviamente suicida.

Tal perigo não poderá ocorrer enquanto o povo americano estiver atento a ponto de jamais permitir que o espírito partidário se torne tão acirrado que a destruição de seus inimigos políticos lhe pareça ser mais importante que a segurança do país.

Não importa o quanto você seja devotado a determinada causa, nem o quanto se oponha a outra — o que é vital não esquecer é que qualquer causa, por muito boa que ela possa parecer em si, é de importância secundária em relação à causa suprema da unidade nacional. Qualquer outra doutrina não passa de traição.

Um Estado democrático e ordeiro pode durar apenas enquanto o povo estiver disposto a aceitar lealmente o veredito da maioria de seus concidadãos quando expresso de maneira constitucional, não importa o quanto entre em choque com seus sentimentos, e também a apoiar com lealdade aqueles que forem eleitos, quer eles lhe agradem pessoalmente quer não.

É um costume excelente nos Estados Unidos que, após cada eleição, não importa o quão acirrada tenha sido a sua disputa, o candidato derrotado envie um telegrama de congratulações ao seu oponente vitorioso. Esse costume é um bom exemplo da maneira pela qual a verdade a que chamamos de "Ciência Divina" está sendo difundida pela nação desde o seu nascimento. Fundamentalmente, tal costume constitui uma afirmação, do partido derrotado, de que é leal à Constituição e de que aceita seu espírito até mesmo no momento mais difícil.

É direito nosso, enquanto a eleição se estiver processando, fazer tudo o que estiver ao nosso alcance para favorecer o êxito do partido em que acreditamos. Contudo, depois que a eleição acabou — quer tenha sido ela um evento secundário de caráter local, quer a eleição nacional para presidente —, é nosso dever fazer tudo que estiver a nosso alcance para apoiar e ajudar o homem que foi eleito, seja ele quem for. Antes da eleição, o candidato é o líder de um partido. Agora que foi empossado, ele é o líder de todo o povo. E é dessa maneira, claro, que o próprio eleito deve considerar a sua vitória. Qualquer outra atitude é, na verdade, preferir uma facção ao país como um todo. E se não for deslealdade, que será então?

Esses princípios exigirão, com frequência, grande esforço de autocontrole, e requererão, em muitos casos, uma grande luta contra os próprios sentimentos, e contra o partido, a família e outras tradições — mas quão raramente é fácil para a natureza humana a escolha mais elevada!

Mude sua vida

Disso decorre, é claro, que qualquer homem público, jornal ou grupo de pessoas — tenha lá o nome que tiver — que procurar indevidamente atiçar o fogo da animosidade política ou partidária não deve merecer confiança. Tais fomentadores de discórdia devem ser ignorados na medida do possível, porque, sem apoio material, seus esforços acabarão definhando.

Para concluir, seja-me permitido dizer que, quanto mais norte-americana for a nação dos Estados Unidos, melhor será para eles. Não copiemos os outros países. Não copiemos a Europa, porque o nosso destino é ser os Estados Unidos. Não copiemos a Inglaterra. Deus fez a Inglaterra uma vez, e muito bem; mas não deseja fazê-la de novo nos Estados Unidos, porque Deus jamais Se repete. Não copiemos a França. Deus fez a França uma vez, e muito bem; mas também não quer repeti-la. Não copiemos a Alemanha, a Itália ou qualquer outro país do mundo. Sejamos nós mesmos. Se tivermos de cometer erros, que os cometamos, mas os nossos, não os dos outros. Quando cometemos nossos próprios erros, aprendemos muitas coisas e, se também sofremos, ainda assim vale a pena, porque aprendemos. Mas, quando cometemos os erros de outrem, sofremos do mesmo modo e não aprendemos coisa alguma. Quanto mais norte-americana for a nação dos Estados Unidos, mais rápido eles progredirão, melhor será a situação de seu povo e maior será sua ajuda ao mundo inteiro.

É bom lembrar que os Estados Unidos não são exatamente uma cópia nova de algo velho, mas algo bem novo e, desse modo, algo melhor do que qualquer coisa que já tenha existido antes.

(Este capítulo é a essência de uma conferência proferida em 1932.)

NOTA: Os leitores observarão que a profecia feita nessa conferência, no sentido de que o reverso do Grande Selo (o que contém a pirâmide) se tornaria amplamente conhecido entre o povo norte-americano, foi cumprida com a emissão, pelo governo, de uma nova nota de dólar com ambos os lados do Selo.

Você pode adquirir os títulos da Editora Nova Era
por Reembolso Postal e se cadastrar para
receber nossos informativos de lançamentos
e promoções. Entre em contato conosco:

mdireto@record.com.br

Tel.: (21) 2585-2002
Fax.: (21) 2585-2085
*De segunda a sexta-feira,
das 8h30 às 18h.*

Caixa Postal 23.052
Rio de Janeiro, RJ
CEP 20922-970

Válido somente no Brasil.

Visite a nossa home page

www.editorabestseller.com.br

Este livro foi composto na tipologia Adobe Garamond,
em corpo 11/17, impresso em papel off-white 80g/m²
no Sistema Cameron da Divisão Gráfica
da Distribuidora Record.